笑顔と会話が増える

家族の片づけルール

整理収納アドバイザー
江間みはる 著

KKベストセラーズ

はじめに

「毎日、毎日、家族のモノを片づけている」

「せっかく片づけても、すぐに家族が散らかしてしまう」

こんな状態がいつまで続くのだろうと、悩んでいるママは多いと思います。

はじめまして。整理収納アドバイザーの江間みはるです。
これまで私は沢山のママに片づけのアドバイスをしてきました。
出会ったママはいつだって片づけ・家事・子育て・仕事に一生懸命です。
ところが、自分一人なら出来る片づけでも、
家族の片づけとなると上手くいかないこともあります。
今、あなたが家族の片づけで悩んでいるとしたら、
それはあなたのせいではありません。
悩みの原因は「片づけのルール」を作っていなかったことです。

「家族みんなの約束ごと」を決めていなかったから悩んでいたのです。

「家族の片づけルール」ができれば、それまで一人で背負ってきた荷物を、家族で分けあうことができます。

「でも…ルールをつくるだけで、本当に家族が片づけるかしら？」

と、こんな声が聞こえてきそうです。

確かにルールは守らなければ意味がありません。

ご安心ください。本書には、私の片づけ経験に基づいた、家族がルールを守れる秘密が散りばめられています。

ぜひ本書を活用して、みんなで片づけをシェアできる家族を目指しましょう！

笑顔と会話が増える
家族の片づけルール

目次

Part.4 片づけルールでもっと仲の良い家族に

Part.
1

片づけ上手なママの心構えと基本ルール

部屋も心もすっきり。
ママの笑顔とゆとりが家族を変える

家族のために一生懸命家事をこなすお母さん。
でも、なかなか片づかない部屋や、協力してくれない家族についついイライラ。
…よくわかります。

いつでも片づいた部屋で家族と楽しく過ごすには、ママがあまり無理をしすぎないこと。
それに、ちょっとした工夫と家族での決め事があれば十分なのです。

まずは思い込みを捨てて「片づけ」のことを考えてみましょう。

#01

あれもこれも一人で片づけていたら大変です。目指すのは「働かせ上手」なママ

●「ママ=片づける人」ではありません

片づけても片づけてもまた部屋が散らかる…。

おまけに掃除や洗濯等もしなければならないのですから、ママは本当に大変です。多くの人が「ママ=片づける人」と考えていると思いますが「片づけはママがしてくれるから自分のすることではない」と思っている家族は、**いつまでたっても片づけようとはしない**でしょう。

家族はチームです。チームには監督の存在が必要です。そして、チームの監督はママです。家族が最強のチームになるには、家族の協力が欠かせないのです。

ですからママが一人で家族のモノを片づけてはいけません。それはむしろ、家族が協力して**片づける機会を奪ってしまう**ことになりかねません。

家族がチームの一員として、片づけを自分の事として取り組めるようになるには、ママが一人で片づけることをやめて、それぞれの役割を明確にする必要があります。

家族のモノをママ一人で片づけるのは、時間がかかり疲れます。家族みんなで協力した方がラクなのは間違いありません。そのために、ママは家族における片づけの監督として、みんなに役割を与えてあげましょう。

まとめ　ママ一人で片づけず家族にも役割を！

#02

正しいけれど、楽しくない
がんばりすぎるママは嫌われる

●がんばるだけじゃ、家族はわかってくれない

これまでお客様のお宅を片づけしてきた中で実感したのは「**責任感が強いママほど片づけが空回りしている**」ということです。

一人で抱えていると最初のうちは頑張ることができても、時間が経つうちに部屋が片づかないことで余裕がなくなり、イライラしてきます。そして、そのうち「何で私ばかりが…」と怒りを抑えきれなくなり、家族に対して不満がたまってきます。しかし、家族に大変さを分かってほしいと思っても、それはムダな努力です。家族に理解してもらうどころか、**あなたが放つ負のオーラが家に蔓延**してしまい、家族関係を悪くしてしまうことでしょう。

さらに、責任感の強いママほど片づけに「完璧」を求めてしまう傾向がありますが片づけに完璧はありません。いくらやっても、いつかは行き詰ってしまいます。

●自分らしく片づければいい

ある奥様の悩み事は、小学生のお子さんに持たせる集金袋や提出書類をよく忘れてしまうということでした。「いろいろ場所を試したけど、どうしても忘れてしまう」らしく、とてもお困りの様子でした。

そこで、「家の中で長くいる場所や、よく見る場所はどこですか?」とお聞きすると、キッチンにいる時間が長く、よく冷蔵庫の中を見るとおっしゃるので「集金袋は冷蔵庫の中に置きましょう」と提案しました。

すごく驚かれた様子でしたが、冷蔵庫に入れておくようになったら、お子さんに渡すのを忘れなくなったそうです。モノの置き場所に**「ここに置かなければいけない」という正解はありません。**自分が忘れないのであればどこでも構いません。片づけも自分に合った「自分基準」で良いのです。

まとめ
大切なのはマイルール 自分基準で考えよう

#03

上手くいかないのは知らないから「片づけの流れ」を理解する

●「かたづけ」には5つの行程がある

片づけには、整理・整頓・収納・断捨離といった言葉がたくさんありますが、それぞれの意味が分かりにくいと思います。まずはこれらの「意味」と「順番」について理解していきましょう。

「かたづけ」は**「①整頓➡②片づけ➡③整理➡④収納➡⑤断捨離」**の順番で行うとスムーズに行えます。「整頓～片づけ」は毎日行う、いわば**「日常の片づけ」**といえるでしょう。この部分が習慣になっていると、その後の「整理➡収納➡断捨離」という**「非日常の片づけ」**領域のハードルを下げることが出来ます。

それでは順番に5つの片づけについて説明していきます。

①「整頓」…「整えること」

まずはごちゃ混ぜになっている状態を直します。最初に整頓する理由は、頭の中が混乱しているとスムーズに片づけることが出来ないからです。「ななめに置かれたモノをまっすぐにする」、「横に倒れているモノを立てる」など、モノが分かりやすく見えるように見せ方を変えて、モノの置いた状態を整えます。

②「片づけ」…「戻すこと」

整頓の次は、モノを決めた元の位置に戻します。すべてのモノが元に戻ると整然と部屋の中が整います。

③「整理」…「分けること」

整理とは必要なモノと不必要なモノに分けることです。生活の中で、少しずつですがモノは増えていきます。収納場所がモノがいっぱいになり、出し入れしにくくならない様に、ときどき整理します。要・不要はその時によって変化します。小学校に入学したら通園カバンがランドセルに変わるように「いま必要かどうか?」で判断しましょう。

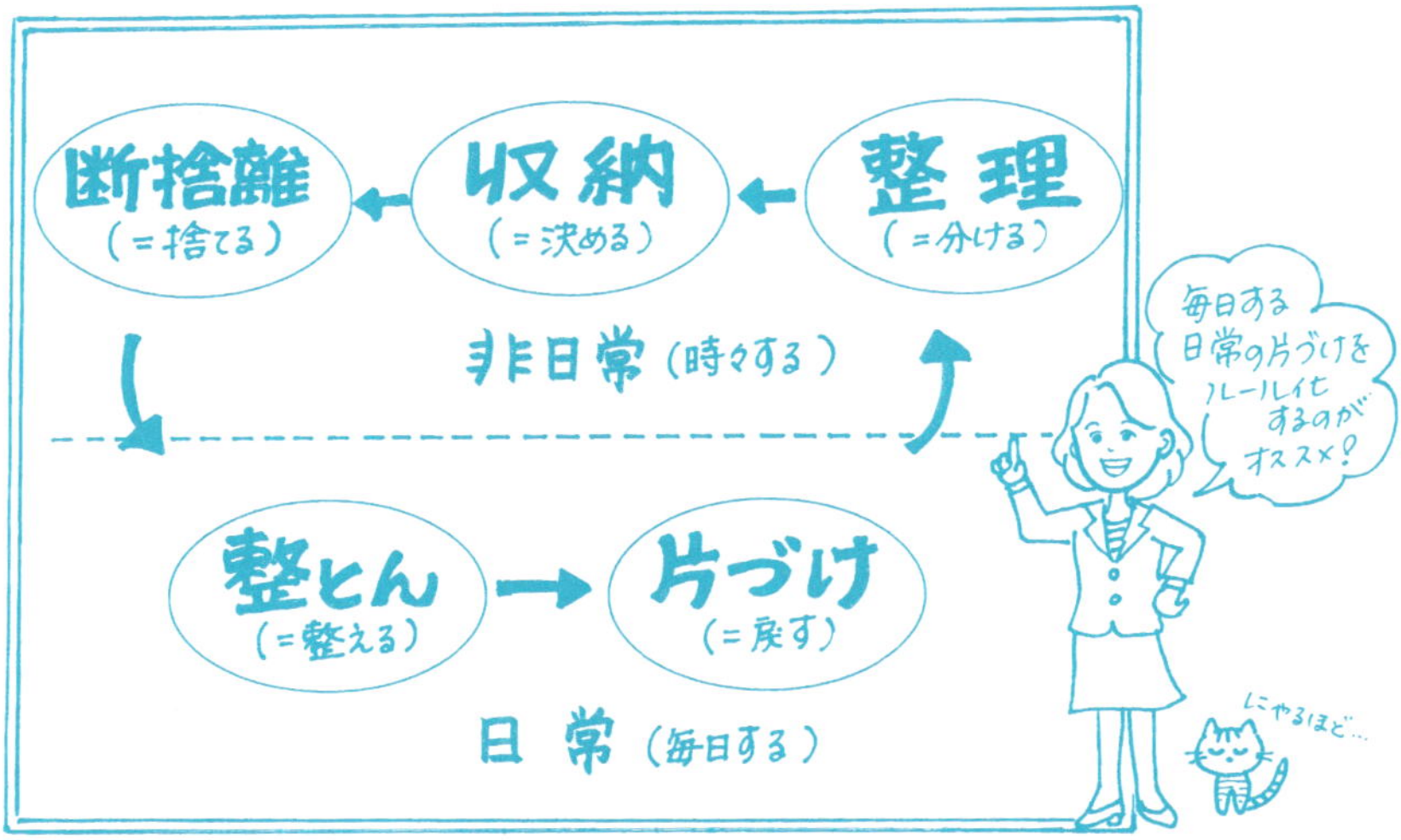

「かたづけ」では最初の「整頓」がとても大切です。自分にとって見やすくモノを整えていきましょう。
収納や断捨離は毎日するものではありませんよね？　整頓、片づけという日常的な「かたづけ」が上手くいくようになれば、しっかりと片づいてくようになります。

④「収納」…「モノの場所を決めること」

つぎは「整理」したモノの置き場所を決めていきます。そのときに大切なことは**「今、必要な物」から優先**して場所を決めていくことです。そうすることで、必要な物を再確認することができるようになります。

⑤「断捨離」…「捨てること」

収納作業では「今、必要な物」から収納場所を決めるとお話ししました。それは、何を収納したいのか、自分が納得いくまで物と向き合って決める作業なのです。うやむやにしていては、いつまでたっても何を残すのかの決着がつきません。

何を収納したいのかがはっきりしない限り「捨てる」までたどり着くことはできません。

逆に、収納の枠に収めるモノを決めることができれば、捨てる決断もそう遠くないうちにできるでしょう。捨てる順番を最後にしたのは、その方が片づけの流れを止めずに自分自身で決めることができると考えたからです。

この流れに沿って「かたづけ」を行えば、結果的に部屋が片づく様になります。

このサイクルの中でも**特に大切なのは「整頓→片づけ」という日常の片づけ**です。毎日、生活をしている以上何かしらモノを使います。使えばモノは必ず動き、モノが動けば部屋が散らかります。

部屋の散らかりを防ぐには、いかに早くモノを戻せるかにかかっています。そしてモノを早く戻す方法は、モノを見た瞬間に戻す場所がイメージできるように整えることなのです。

「使う→整える→戻す」という日常の片づけ部分を意識しましょう。

まとめ

「日常の片づけ」をルール化すればいい

#04

約束を決めて守れば自然に片づきます 必要なのはルールづくり

●いくら片づけ本を読んでも片づかない理由

片づけにはテクニックよりもルールづくりが有効です。

ママがいくら「片づけなさい」と言っても家族が片づけてくれない理由は、彼らにとっては、**それが痛くも痒くもないから**なのです。

では、どうしたら家族が片づけをしてくれるようになるのでしょうか？

それは「片づけルール」をつくり、約束ごとを守らない＝自分が困るという状況にすることです。

自分が困る経験をすれば、**イヤでも片づけの大切さを実感**します。

たくさんの片づけ本を読んで、優れた片づけノウハウを身につけてても、それは結局ママ一人の話。家族の協力を得ることこそが、片づいている家への第一歩です。

そのためにも、まずは「わが家の片づけルール」をつくりましょう。

これまで片づけをしてくれなかった家族が片づけの大切さに気づくには「困る状況に身を置く」ことです。まさに「かわいい子には旅をさせよ」ですね。

まとめ 「約束を守らないと困る」その経験が家族を変える

#05

家族だから〝こそ〟しっかり話をしましょう

「ルール」と「会話」がわが家を片づける

●ルールを守るために重要なのは「会話」

せっかくルールを作っても守らなければ意味がありません。片づけルールを運用するためには、家族の協力が必要です。

「ルールを守るのは当たり前のこと」、「習慣になっているので、しないと変な感じ」そんな家族になるためには会話が大切になってきます。

そして、会話には次のようにちょっとしたコツがあります。

■何をどのように片づけるかを**具体的に細かく伝える**

「食べ終わったら食器をシンクへ置いて、水に浸けておいてね」と、何をどの様に片づければよいのか、作業がイメージ出来るように細かく丁寧に説明する。

■自分が思っている以上に何倍も**優しい口調で話す**

家族、特に子どもに対してはついつい口調が厳しくなりがちですが、キツイ口調で話しても伝えたいことは伝わりません。逆にいつも優しく話すようにすれば、「ママの話を聞こう」という聞き耳に変わります。

■諦めずに片づけるまで**言い続ける**

わかりやすく丁寧に、優しい口調で話しても家族が片づけてくれないこともあります。そんなときは家族との根気比べ。同じことでも淡々と言い続ければ必ず片づけてくれる様になります。

まとめ

何気ない会話こそが信頼関係を強くする

先ほども書いたように家族はチームです。チームにとって大切なことは、お互いの信頼関係です。それには、日常の会話のやりとりがとても大切なのです。何気ない会話を軽視せず、**「この一言が家族の信頼を築いている」という思い**で心をこめて話してみましょう。家族の協力なくして部屋を片づけることはできないのですから。

#06

片づけから解放された生活を想像しましょう
「片づけルール」がもたらすメリット

●ママが嬉しい片づけのメリットをイメージする

不思議なことに「片づけたい」と思っていても、その後がイメージできていない方がいます。でも、それではなかなか片づけのモチベーションは上がらないでしょう。

では、実際に「片づけルール」をつくり、家族の協力によって片づいた家になると、ママにとってはどんなメリットがあるのでしょうか？

●すぐに家事や作業ができる（時間と心の余裕）

最大のメリットは**時間と心に余裕がうまれる**ことです。

わたしは、片づけや整理収納の講座で、一日の時間の流れを「流れるプール」に例えた話をよくします。「家＝流れるプール」「1日24時間＝プール1周」ですね。

わたしも家族と行ったことがあるので分かりますが、夏のお盆休みの時期のレジャー施設は人でいっぱいになります。流れるプールにも人がたくさんいて、まさにイモ洗い状態。ちょっと動いただけで人や浮き輪にぶつかり、1周するだけでも時間がかかるものです。もしこれが「誰もいない流れるプール」だったら、どんなに快適に泳ぐことができるでしょうか。

片づけにも同じことが言えます。モノがたくさんあるとその処理に追われて時間がかかりますし、作業するスペースが少ないため、したいことがすぐに始められません。それに、ストレスもたまってしまいます。

ところが、片づけルールが守られていくと、空いたスペースで掃除などの**家事をいつでもはじめることができる**ようになります。やりたいことがスムーズに流れていくことで、時間と心に余裕がうまれるのです。

空いている流れるプールでゆったりとした気分で流されるように、気持ち良く家事ができるようになることは、大きなメリットです。

●そのままソファに座れる（場所の確保）

もう一つのメリットは「場所」がうまれることです。例えば慌ただしい1日を終え

大切なことは「片づけの流れ」を止めないことです。リビングに家族の私物が居すわり続けると、混んでいる「流れるプール」のように身動きがとれず、日常生活や家事の流れも悪くなってしまいます。

てようやく帰宅、ソファーに座ろうとしたら、そこには洗濯物や上着が散乱していて座る場所がふさがっていた…。

そんな経験はありませんか？

片づけルールがうまくいくと、そんなことはなくなります。リビングは家族がくつろぐところです。活力を得る場所でもある大切な場所です。モノに占領されることなく癒しの場所は確保したいものです。

以前、片づけに伺ったお宅のソファには、背もたれに家族の服が、座面にはたくさんの洗濯物がびっしりと置かれていました。衣類でいっぱいのソファは、正面から見るとソファの色が分からないほどでした。これでは、テレビを観ようと座ることもできません。皆さん、ソファ前の床にソファを背もたれにして座っていました。

コートやジャケットは「私物」なので、いるべき場所はリビングルームではありません。洗濯物は、干し終わって取り込んだ洗濯物専用の置く場所を決めていれば、ソファーの上に居すわることはありません。**モノがないソファなら、いつでもゆったりできます。**そもそも、すでにモノがないのでモノを移動させる必要もありません。いつでもテレビを観たり、寝転んだりすることができるのです。

どうでしょう？　少しは片づけのモチベーションが上がってきましたか？

次章からいよいよ具体的な家族の片づけルールを紹介していきます。ゆったりした空間と時間を確保して、穏やかな気持ちで過ごしましょう！

まとめ

片づいていれば「時間」と「場所」ができる

重要

自分一人で片づけない。
チーム・家族で片づけに取り組む。

・頑張りすぎするとイライラしてしまう。

➡母親にゆとりがないと、家族もギクシャクする
➡「自分ばかりが…」と、家族に対して不満を感じるようになる

自分一人で頑張れたとしてもそれは最初だけ。
家族全員で取り組むことで空間とママの心に余裕ができれば、家の雰囲気もよくなっていく。

・やらせないと片づけられない家族のままになってしまう

➡「どうせママがしてくれる」と考える子どもに育てしまう？
➡散らかっている状態に慣れてしまう

自分が監督になったつもりで、家族の一人ひとりとコミュニケーションをとる。
みんなの良い所、苦手な部分を把握して声をかけていく。

「片づけ」に対する概念を変える。

・上手に収納したり、捨てる判断は後まわしにする

➡断捨離はたまにする「非日常」の片づけ。
毎日する片づけの行為（整える、元の場所に戻す）を習慣にする。

「捨てる」「センスよく収納する」のは難しいし、毎日やることではない。
毎日の片づけがうまくいけば、片づけのサイクルが自然に回り出す。

注意すべき点

家族への言葉づかいを意識する。

・命令口調になっていないか？

➡何をどのように片づけるかを具体的に伝える
➡自分が思っているよりもうんと優しい口調で話す
➡諦めず、根負けせずに伝え続ける

家族はママに褒められたいもの。優しく具体的に根気強く話す。

心構え

完璧を求めない。常識に縛られない。

・自分に合うルールを見つける

➡自分が好きな場所、よくいる場所を理解すれば、
決まらなかったモノの置き場所が決まったり、
片づけたいモチベーションが上がる。

例）冷蔵庫に集金袋を入れていた奥様の話。

片づけ後の環境や生活をイメージする。

・片づけによって何を実現したいか考えると問題点が見える。

➡誰のモノが散らかりやすいのか？
➡どこにモノが置かれやすいのか？

「帰ってきたらすぐにソファに座りたい」や、
「食べた食器は皆がそれぞれ下げてほしいな」など、
自分のしたいことや、
なってほしい家族像を想像すると良い。

COLUMN 1

プロの整理収納アドバイザーが聞いた

片づけるタイミングのお話。

「納戸を片づけてみたら…」

わたしが定期的に片づけに伺っているYさんはその日、元気がありませんでした。
ご主人の仕事でトラブルが発生し、今日は帰れないと連絡があったのだそうです。
心配しながらも約束していた納戸の片づけをはじめると、
中には大量の新聞、溜まった紙袋、季節物の飾りなどがあり、
隙間にはトイレットペーパーやティッシュが詰め込んでありました。

わたしはプロとして「片づけのタイミングを逃さないこと」が重要と考えています。
Yさんの場合、積み重なった新聞が天井に届いた時が納戸の片づけ時です。
なぜなら、その時を逃すと悪いパターンにはまってしまい、
新聞以外のモノまで溜まってしまうからです。
そしてそんなときに限って、家族に良くないことが起こるものなのです。

もしかしたら、ご主人の仕事トラブルは「納戸を片づけるタイミングですよ」というメッセージだったのかもしれません。
その後、ご主人のトラブルは無事に解決したそうです。

Part. 2

今日から
はじめられる
家族の片づけルール

みんなで決めて
みんなが守るからうまくいく

片づけルールの基本は2つ。
場所ごとの担当者を決めること。自分のものは自分で片づけること。
そのルールを守るために大切なのがコミュニケーションです。

では、さっそく。今日からはじめられる「片づけルール」を見ていきましょう。

#07

大ルール① 「みんな」の場所と「自分」の場所
共有スペースと個人スペースを分ける

●「みんなの場所」を大事にする

この章では、今日から始められる「片づけルール」を提案していきます。

片づけルールは様々、家庭によっては異なる部分もありますが、基本とも言える大ルールが2つあります。まずは「家の中を共有と個人スペースに分ける」です。理由は、**作業する場所とモノを置く場所を区別する**ためです。くつろぐ、料理する、食事をするといった作業する場所と、カバンや洋服を置く場所を分けるのです。

部屋にモノがいっぱいあると、物事がはじめられません。モノを置く場所を別な場所にしておくことで作業場所を占領されず、**家族みんなの場所をいつでも使うことができます**。また、家事スペースを確保するためにも、場所の区別は重要です。

共有スペースとは家族みんなで使う場所。個人スペース以外、ほとんどが共有スペースになります。

〈共有スペース〉

キッチン、ダイニング、リビング、浴室、洗面所、トイレ、廊下など

・入浴、料理など、場所の目的がはっきりしています。

・家族みんなが使う設備・家電・家具などがあります。

〈共有設備〉

システムキッチン、シャワー、洗面台など

〈共有家電〉

冷蔵庫、洗濯機、テレビ、電話など

〈共有家具〉

テーブル、ソファなど

●個人スペースの場所と担当者を話しあって決める

共有スペースにある不要なモノを片づけるためには、モノが帰る場所が必要ですね。その場所が個人スペースになります。ここが曖昧なご家庭はさっそく、なるべく厳密にスペースを決めましょう。

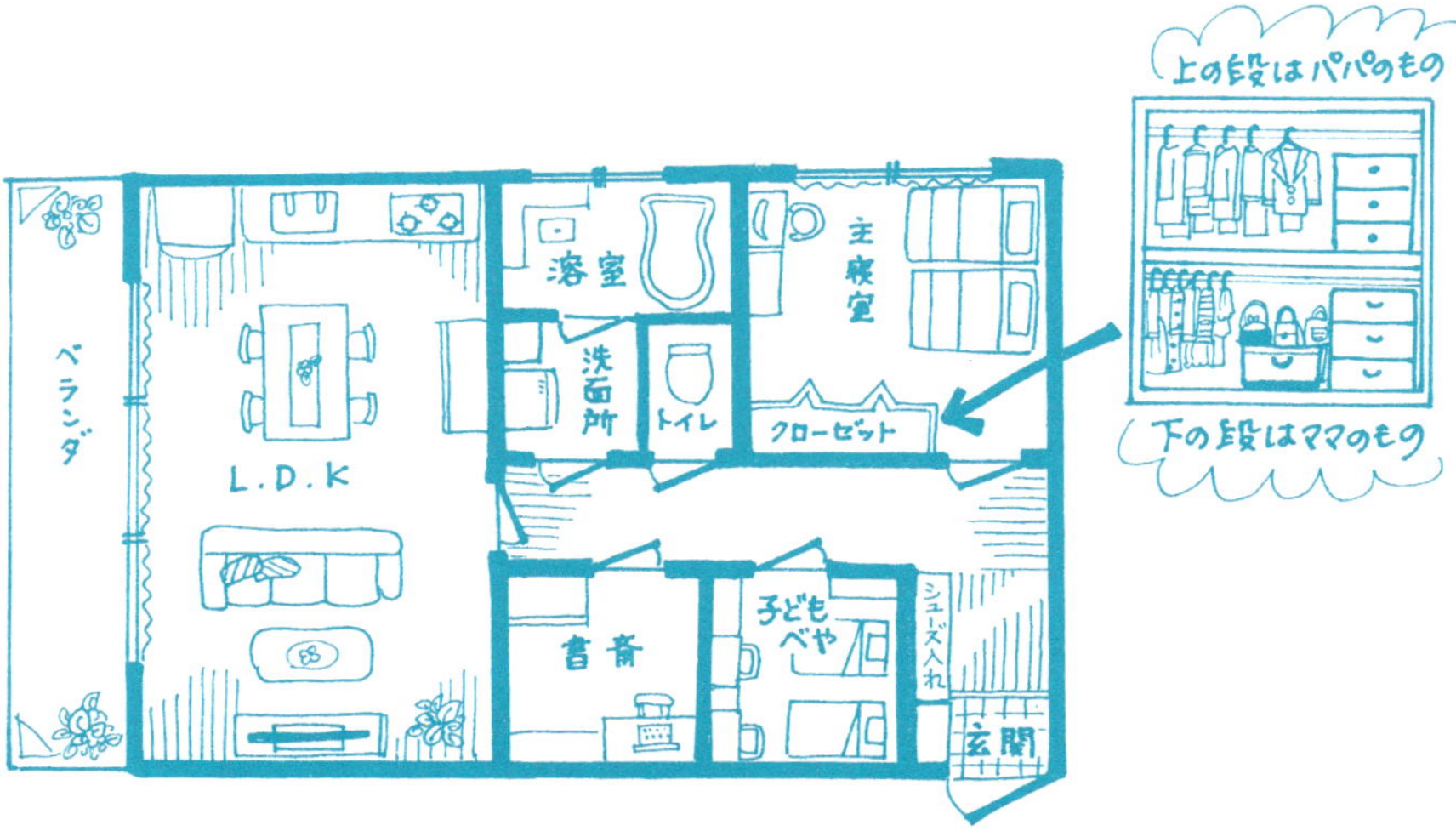

家の中を区別すると「ここからここまでがみんなの場所（共有）」、「ここが自分の場所（個人）」とはっきりします。クローゼットなど、共有スペースの中にある個人スペースも話し合って決めましょう。

これらは**必ずしも部屋である必要はありません。**1つの部屋を兄弟や姉妹でシェアして使うのも良いですし、リビングの一角に個人のコーナーを作っても良いでしょう。いずれにしても、家族一人ひとりのモノを置くスペースを作ることが大切です。そして、その次は「上着、カバン、腕時計、鍵」など、個人個人が使うモノを集めて置くスペースを作りましょう。

個人の場所を決めるときは、家族で話し合いながらどこの場所が良いか決めることをおすすめします。

「ここを自分の場所にしても良いかな？」と、丁寧に家族の意見を聞いていくことで、可能な限りみんなの要望を取り入れる努力をしていきましょう。

まとめ

個人スペースと、その担当者を決めよう

特に、下駄箱やクローゼットのように、みんなで使うけど、個人ごとにスペースが割り当てられているような場所はしっかりと話し合うべきです。

その際も、先に述べたように一般論に縛られる必要はありません。話し合った結果、**わが家流のルールができればOK**です。ひょっとしたら、考えもしなかった意外な場所がご主人の個人スペースになるかもしれません。

大切なのは場所を決めること。そして、家族でコミュニケーションをとることなのです。

#08

大ルール② 無くしモノ・探しモノがなくなる
自分のモノは自分で片づける

●家中を探し回ることがなくなります

さて、もう一つの片づけ大ルールは「自分のモノは自分で片づける」です。使ったモノは自分で元に戻すということですね。

郵便配達人は宛先をたよりに手紙を届けます。手紙を送り届けることが出来るのは、配達先が分かっているからですよね。**家の中も配達先をはっきりさせる**と届け先に悩むことはありません。

前頃で家の中は共有スペースと個人スペースに分ける意味を説明しました。その目的は、個人のスペースを明確にするためでしたね。これが決まれば家族それぞれのモノをどこに運べばよいかわかりやすくなります。さらに届け先がはっきりすると、常にモノが自分の場所に戻っているので**「モノを探す・モノがなくなる」なんてことがなくなります。**

もしも「モノが見つからない！」ことがあったとしても、「自分の場所に必ずあるはず」と探す場所の見当が付くので、すぐに見つけることができます。

モノが見つからない原因は、家の中が区別されていないからだったのです。特にリビングルームやダイニングルームには家族が持ち込んだモノが集まりやすい場所です。モノを行方不明にしないために、自分のモノは自分の場所に戻しましょう。

●小さい子供でも片づける

「子どもが片づけません、どうしたらよいでしょうか？」という悩みをよく相談されます。それに対するわたしの答えはこうです。

「**小さな子どもでも、自分のモノは自分で片づける**ようにうながし、習慣を付けていくことが大切です」

「小さいときから片づけを教えてこなかったから、大学生になっても娘はいまだに片づけができないんです」と後悔している親御さんもいました。

子どもは、あっという間に成長し、大きくなります。だからこそ、親のそばにいる小さい時期から自分のモノを自分で片づける機会を与えてあげましょう。

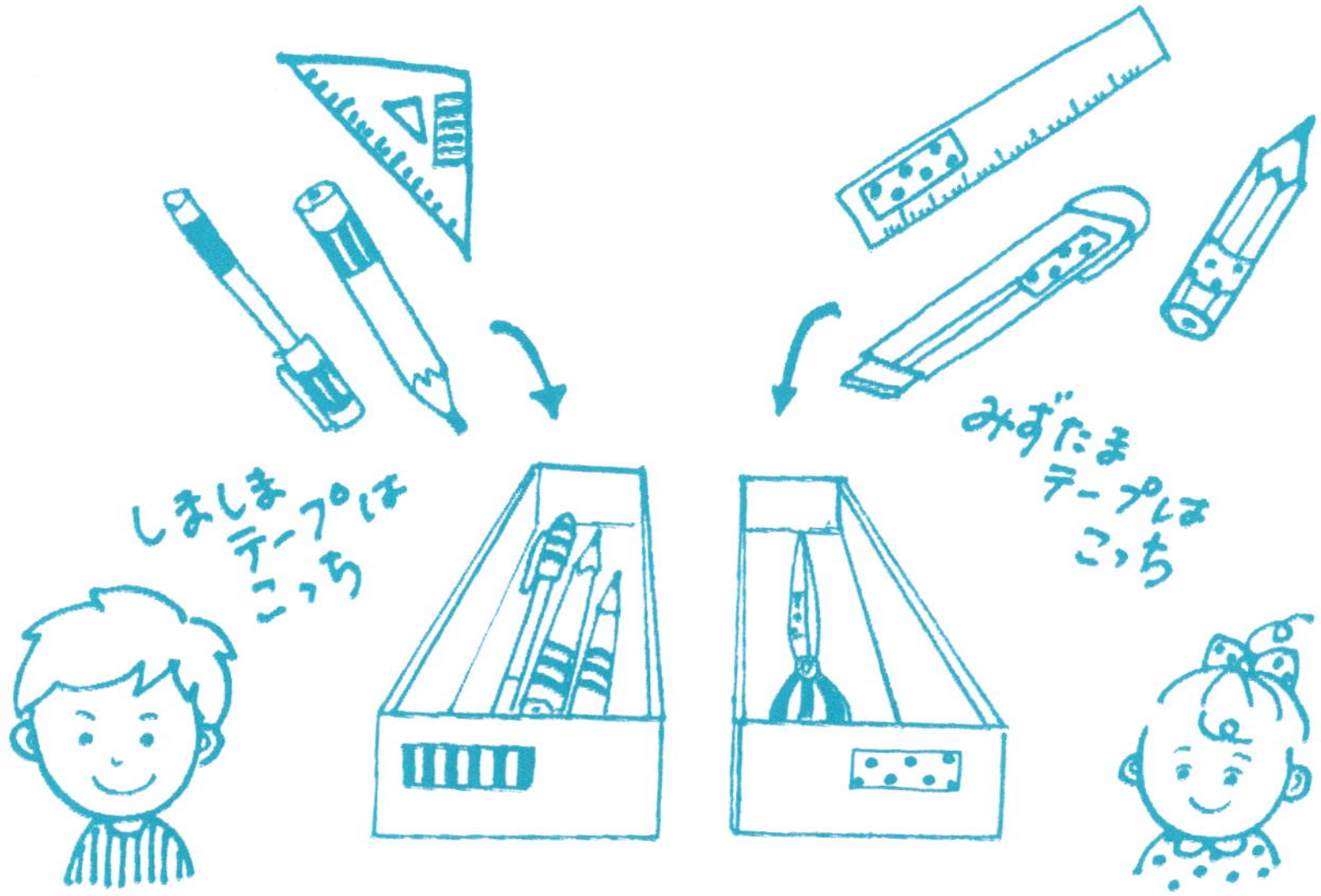

散らかったモノたちに必要なのは「帰る場所」です。持ち主がモノの帰る場所をしっかり把握していれば、散らからず、モノが収まるようになっていきますよ。

なぜ家の中はあっという間に散らかってしまうのでしょうか？　それはあちらこちらに散らばってモノが散在しているからです。片づけのコツは**モノを分散させず、人ごとに集めて置く**ことです。お子さんがまだ小さいなら、自分で自分のモノを置けるように、個人スペースを分かりやすくしてあげます。最初はリビングの一角に個人のスペースコーナーを作ってあげると良いでしょう。

例えば幼稚園や保育園の教室には、自分専用の棚や引き出しが設置されていますよね？ハサミやのりなど自分のモノはぜんぶ引き出しに入っています。一人の園児のモノが、バラバラに散らばっているということはありません。乳幼児はまだ文字が読めませんが、一目で自分の場所が分かるようにシールが貼ってあるので、そこが自分の場所だと理解できているのです。

「あなたのモノを置く場所はどこ?」と聞かれたら「ここ」と答えるでしょう。

●感情的にならないこと。

もし子どもの部屋が散らかっていても、感情的に怒ることだけは避けなくてはなりません。子どものやる気をそぐばかりか、家の雰囲気も悪くなります。

●親が片づけないこと。

なかなか片づけようとしない子どもに我慢ができず、親が片づけてしまっては意味がありません。子どもはやがて、自分の課題に気づいてくれます。

子どもが片づけに向かう「やる気の芽」を摘まないため、ママには以上2点を心がけてほしいと思います。少し引いたところから「困ったときは一緒に片づけるよ」というスタンスで、子どもの成長を見守っていきましょう。

まとめ

たとえ小さい子どもでも
場所がわかれば片づけられる

#09

今日からはじめる片づけルール・ママ編①

命令口調をやめてお願い口調にする

●伝える前に「フレーズ」を考える

例えば**「片づけなさい！」**と命令口調で言ったとしたら、家族は気持ちよく片づけをする気にはなりにくいでしょう。また、時には大声で反論されて、不毛な喧嘩が勃発してしまうかもしれません。

ところが、**「片づけお願いね」**と口調を変えてみると、家族は驚くほど片づけに協力的になります。特にお子さんに対しては、つい強い口調で指示をしてしまう時があるかもしれませんが、怒られた時だけ仕方なく片づけるようなら、ママはずっと怒り続けなければいけません。家族が自分から気持ち良く片づけられるように、言葉づかいを意識しましょう。

その際は**「ツメ切りは引き出しの一段目に戻しておいてね」**のように、何をどのように片づけて欲しいかまでを、具体的にお願い口調で伝えると、家族はもっと片づけしやすくなるでしょう。

このルールを自分に課すことで家族の片づけへの協力度は劇的に変化します。ママは家族に声をかける前に「どういうフレーズで、どこまでお願いするのか」を考えるようにしましょう。

まとめ

優しく具体的なお願いで
家族が能動的に片づける

#10

今日からはじめる片づけルール・ママ編②

家族を信頼する

●「片づけ＝次の準備」その機会を奪わないように

ママたちの口からよく聞くのが「家族のため」と自分を正当化して、家族のモノを片づけてしまう話です。でも、これは家族のためになりません。**散らかって困ることを経験**しないと「片づけないとどうなるか？」を想像しなくなってしまうからです。

日本では「後片づけ」と言うように「片づけ＝後始末的」という印象がありますが、次に使いやすいように準備しておくこととも言えます。ところが、誰かが先に準備してくれると「受け身の癖」がついてしまうのです。

ですから本人が困る環境でも、そのままにしておくことも必要です。そうなれば、少しづつ片づけの経験を重ねていくようになります。

その大切な経験を奪ってしまわないようにするためにも、辛くても、我慢できなくても、**ママは決して先回りして片づけてはいけないのです。**ここは辛抱、家族を信頼して自発的な行動を待ちましょう。

#11

今日からはじめる片づけルール・ママ編③
ルールを変えない強いメンタルを持つ

●「かわいそう」に流されたらルールも流れてしまう

片づけルールは、家族で決めた約束ごとです。約束は簡単に変えてはいけません。ころころとルール変えていては例外ばかりが生まれ、肝心のルールの意味がどんどん薄くなっていってしまうでしょう。

中学3年生の息子さんを持つ、あるママの話です。

受験生なのに自分の部屋も片づけず、リビングでゲームばかりしている息子さんに「部屋が片づくまでゲーム禁止」というルールをつくりましたが、数日後にはゲームは解禁されました。その理由は**「泣いて頼まれ、根負けした」**ことだそうです。

わたしも母親なので、このママの気持ちはよく分かります。しかし、お互いに話し合って決めたルールは変えずに貫かなければなりません。

ママはときには厳しく鬼になることも必要なのです。

#12

今日からはじめる片づけルール・ママ編④

「捨てる」は最後にする

●やっぱり…そんなに簡単に捨てられない

「モノが捨てられません、助けに来て頂けますか?」

そんな電話をくださった奥様が1日で45Lのゴミ袋13袋分のゴミを出しました。

「何も捨てなくて良いとしたら、ここには何を置きたいですか?」

わたしは「捨てる」を意識せず片づけができるように、そう聞きました。

「捨てなければならない」と思いながら片づけるか、「捨てなくてもいい」と思いながら片づけるかでは結果は大きく変わってきます。

「いつか使うかも」「高かったから捨てられない」など、「捨てる」は簡単に決められるものではありません。**決められないことを決めようとしても、時間の無駄です。**

「要る・要らない」と1つずつ考えていると、片づけの流れも止まってしまいます。

無理に捨てようとしないことで、逆に上手くいくこともあるのです。

「捨てられない」にはもちろん、理由があります。しかし、捨てられないのに「捨てなければ」と考えることにあまり意味はありません。後で考えることにして、まずは他の場所の片づけでもしましょう。

まとめ

悩むくらいなら他の場所を片づけましょう

#13

今日からはじめる片づけルール・ママ編⑤

家族のモノを動かすときは本人確認をする

●親しき仲にも…ではありませんが。

家族のモノを動かす時は、勝手に動かしてはいけません。「これは誰のですか？」と必ず持ち主本人に確認してから動かすようにしましょう。

「ねぇママ。あれ、どこにあるか知らない？」

家族はモノの場所が分からなくなると**必ずと言って良いほどママに聞いてきます。**勝手に移動しようものなら、「アレどこ？」という質問責めが待っているでしょう。

持ち主確認することで、家族も置き忘れているモノに気づくことができます。それは家族に「自分のモノを決められた場所に戻す」ことを促すことにもなります。リビングに置いてあるモノがどんどん溜まっていくと、ママはとても大変です。

そこで本人確認を徹底して、自分で自分のモノを戻すように家族にお願いしましょう。ママは持ち主ではないので、誰のモノか分からないと移動したくても出来ません。なくなって困るモノなら、その人が管理すればいいのです。

#14 今日からはじめる片づけルール・ママ編⑥ ありがとうを率先して言う

●片づけはサラリとしたお礼を言いやすい

ママが片づけているのが当たり前ではないように、家族が片づけをしてくれていることも決して当たり前なことではありません。

「足るを知る」という老子の言葉があります。**片づけてくれないの「ない」**と、**片づけてくれるの「くれる」**に目を向けるのでは捉え方が全く違ってきます。

家族の片づけを当たり前だと思っていると不満を感じますが、その逆であれば、感謝の気持ちが生まれます。しかし、感謝の気持ちは思っているだけでは伝わりません。むしろ家族だからこそ「片づけてくれてありがとう」と言葉で伝えましょう。

ママが率先して「ありがとう」と感謝の気持ちを、言葉で表現するのです。

照れくさい言葉ですが、ママが監督を務める「片づけ」を通しての「ありがとう」は意外とハードルが低いものですよ。

#15

今日からはじめる片づけルール・家族編①

リビングには私物を置かない

●広くて置き場所がたくさんあるから危ない

リビングには個人の私物は置きません。一時的に置くことはあっても常駐させてはいけません。**リビングには家族それぞれ持ち寄ったモノが集まりやすく**、あっという間に物でいっぱいになってしまうからです。

あるお宅にお呼ばれし、最初に通して頂いたリビングルームに個人のモノがまったくないことに、とても驚いた経験があります。しかし、他の収納場所を見てみると、クローゼットや押入れなどにはモノが沢山ありました。

「リビングに個人のモノは置かない」と決めているらしく、その点は徹底されていました。プロのわたしから見て、そのお宅はとてもバランスが取れていると思います。

・「モノを置くスペース」＝モノがたくさんある。

・「作業スペース」＝モノが少ない。

メリハリのある家は、リビングに私物は置いていないものなのです。

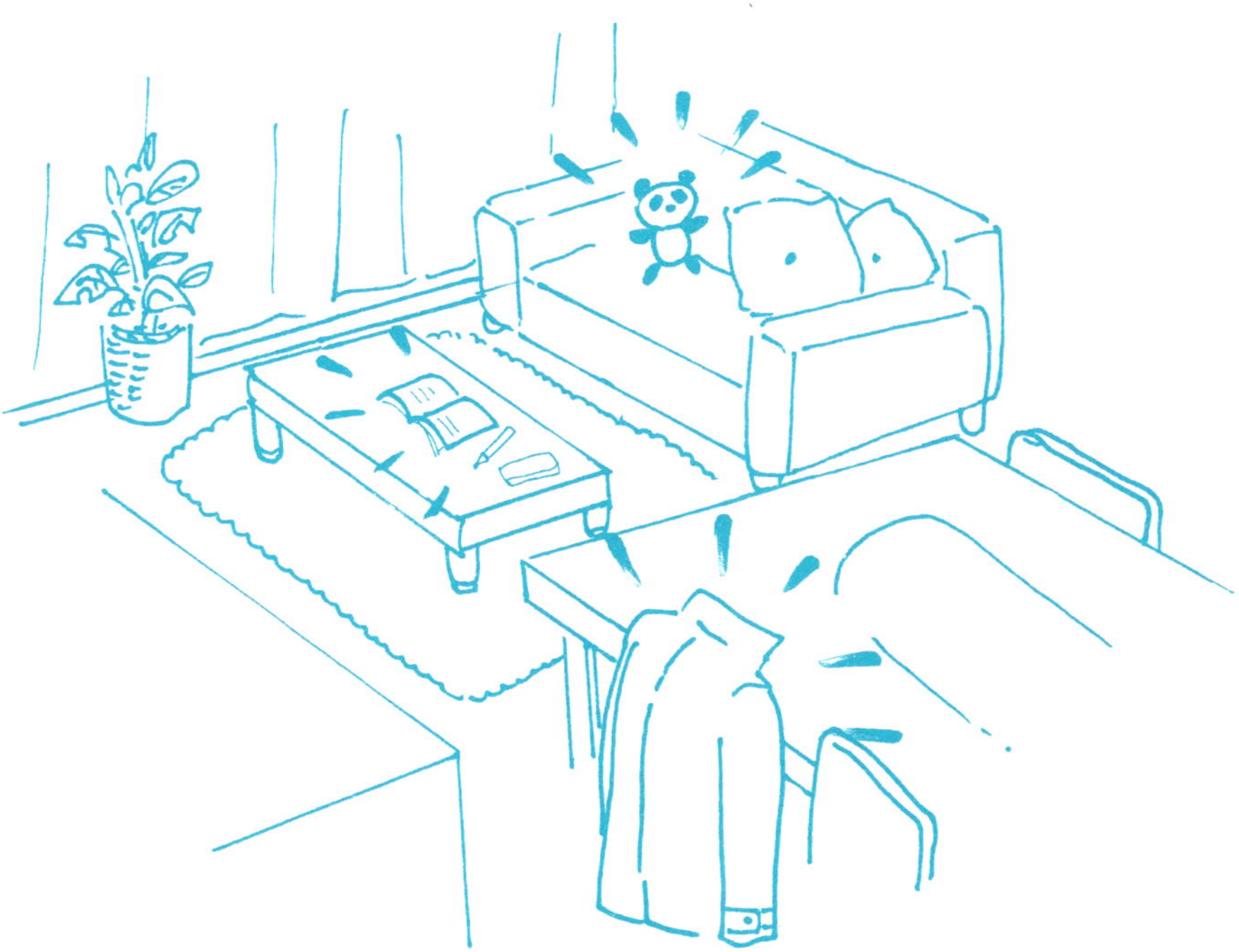

リビングは人が集まりやすいだけではなく、様々な作業をする場所であるため、多くのモノも集まりやすいのです。ソファやテーブル、椅子などが家族の私物に侵食されないように、明確なルールをつくりましょう。

まとめ モノが集まりやすいリビングを死守すること

#16

今日からはじめる片づけルール・家族編②

トイレットペーパーの芯は使った人が捨てる

●簡単だからこそ難しい？

今日からはじめられる家族の片づけルールの一つとしておすすめなのがこの、トイレットペーパーの芯は最後に使った人が捨てるです。

片づけする上で大切なことは、気付いたときに**すぐ行動に移せるかどうかです**。このルール自体は、誰にでもできる簡単なことですが、人は簡単なことほど面倒くさいと思ってやらないものなのです。

わたしは「**簡単に出来る片づけを意識して行うことが大切**」と考えています。そのためにあえて、家族にトイレットペーパーの芯は捨てることをお願いしています。

本当は、最後の人が捨てなくても問題はないのです。

小さなことでも「面倒くさい」と思う気持ちを瞬時に切り替えて、片づけ行動に移せるようになることが、このルールの目的なのですから。

#17 今日からはじめる片づけルール・家族編③
食べ終わった食器は自分で下げる

●感謝の気持ちを表現する行為

こちらも今日から実践してほしいルールです。すでに実行されているご家庭も多いと思いますが、きっとそのご家庭は小さな時からの習慣になっているのでしょう。習慣になってしまえば、特に意識しなくても自然に実践できるものです。

この行為をルール化したのには理由があります。

「ごちそうさま」という「言葉」とともに、食べた食器の「片づけ」で感謝の気持ちを伝えることができるからです。

ところが、お子さんが大きくなると、食器は下げても会話がないというお母様もいらっしゃいます。そんなときは、こちらから**食器を下げるお子さんに「おいしかった?」と質問**してみましょう。味の好みや量など、思ったことを言ってくれるかもしれません。

食事〜片づけで自然にコミュニケーションがうまれるのです。

#18

今日からはじめる片づけルール・家族編④

帰ってきたら下駄箱に靴をしまう

●何事もはじめが肝心。玄関のルール。

「帰ってきたら靴は下駄箱にしまう」も今日からできる片づけルールです。**下駄箱は家族みんなで使う共有スペースですが、置くモノは個人の靴です。**一人づつ同じ靴の数を置けなければ不平等になってしまいますから、わが家では一人が置ける靴の数は5足まで、傘はそれぞれ1本づつと決めています。

玄関は靴や傘を置くだけの場所ではありません。自転車用ヘルメットや靴磨きセット、宅配便用印鑑なども置いてあります。家によって、下駄箱の収納量は違いますし、靴の持ち方も様々です。靴が好きで沢山の靴をもっている方は、わが家のように一人5足では、置ききれないでしょう。

決めた靴の数以外は自分のスペースに置く様にします。前述した「個人スペースの場所担当者を話し合って決める」のところでもお話したように、住んでいる家や靴の数も様々です。下駄箱のルールも家族で話し合って、ルールを決めましょう。

下駄箱の中では置き場所と、置く靴の数を決めましょう。靴がたくさんの場合、無理やり入れても使い勝手が悪くなるだけですので、入り切らない分は個人スペースに置くようにします。

まとめ 使用頻度と家族の身長を考えてバランスよく収納する

#19

今日からはじめる片づけルール・家族編⑤

洗濯カゴに入っていないモノは洗わない

●ママの忍耐力が問われるルール。

「体操着を出し忘れていた…もう1回洗濯して！」

こうお願いされて、眠い目をこすりながら夜中に洗濯機を回した経験はありませんか？　そんなママたちには、ちょっと厳しいこのルールをお薦めします。

脱いだ服をそのまま放っておくのは、**洗濯をしてもらう人の態度とは言えません。**

先の「食器」と同様、感謝を「洗濯カゴに入れる」行動で示してもらいましょう。

でも、このルールはママにとって難しいところがあります。それは「ルールは変えない」ため、**時には子どもの涙**を見ることもあることです…。

ですから、イレギュラーの洗い物が出た時は、ちょっと大げさに「洗濯をするママの大変な姿」を見せておきましょう。

きっと「洗濯の大変さ」をわかってくれるはずです。

これくらい厳しくしない限り、ママの深夜の洗濯はなくなりません。ママの本気が家族を変えてくれ、片方だけの靴下などもなくなっていきます。もちろん、子どもだけではなくご主人にも厳しく適用しましょう。

まとめ 自分が困るルールは厳しいけど、効果バツグン

重要

家の中は「共有」と「個人」スペースに分ける

・モノが帰る場所を決めてあげる

➡散らかるのはモノが帰る場所が曖昧だから。
➡モノを置く場所が決まれば散らからない。

「誰のモノかわからない」や「どこが定位置か決まっていない」といった問題が解決し、家族が自分のスペースに対して責任感を持つようになる。

・個人スペースは話し合って決める

➡わが家の曖昧な場所、その担当者をはっきりさせる。
➡家族の希望はなるべく聞いてあげる。

< 問題点 >
・自分の部屋であれば問題ないが、例えばクローゼットの中や下駄箱などをどうするか？
・2人で1つの子ども部屋をどうするか？

家族全員、自分のモノは自分で片づける

・個人スペースが決まれば、自分で片づけることができる

< メリット >
➡子どものランドセルや夫の上着などがリビングから消える。
➡家族から母への依存が減り、「探しモノ」が無くなる。

共有スペースから個人のモノが減るだけで、家の中はだいぶスッキリする。母親への「あれはどこ？」「見つからない」といった質問も減りそう。

・小さい子どもたちも自分で片づける

➡場所が決まっていれば1歳からでも片づけは可能。
➡自分で片づけることにより自立を促すことができる。

小さい子は字が読めないのでシールなどで印を付けてあげる。幼稚園でも自分用の棚や引き出しがあり、整理できているということは、家でもできるはず。

今日からできること

家族に伝える"今日からできる"片づけルール

・帰ってきたら靴を下駄箱に入れる?

➡家の入り口である玄関から「自分のモノは自分で片づける」を開始

・トイレットペーパーの芯を捨てる?

➡簡単なことから習慣化させていく。

・洗濯するものは洗濯カゴに入れる

➡「何時までに」と決め、その時に入っていないモノは洗わない。

・食べた食器は下げる

➡うまくいけば料理を作ってくれる母への感謝も?

片づけの習慣化を目的に、簡単なことからはじめてみる。

注意すべき点

「してあげたい」「してしまう」「特例」を我慢する。

・先回りしない

➡母親がやった方が早い・上手なのは当たり前。

➡「かわいそう」「遅くてイライラする」など感情的にならない。


家族を信頼して、やらずに怒らずに待つこと。

「まだ無理」と甘やかしていれば、片づけのできない子どもになってしまう。

・決めたルールは母親が守る。

➡子どもの涙や夫の「一生のお願い」にもブレない。

➡自分が見本となる。


心を鬼にして例外を認めないように注意する。ただし、家族で話し合ってからの変更はOK。

懲りた家族は次から成功する確率がグッと上がる。

もちろん、自分がルールをしっかり守ることが大切。

「捨てられない」
「見つからない」
「ごちゃごちゃする」

悩めるママたちにプロが贈る 収納の3大セオリー

収納にはセオリーとも言える基本ルールがあり、
これを理解すると片づけが簡単に、
そして少しだけ楽しくなっていきます。
その3大ルールとは次の通りです。

1　枠を決める

2　面と直線を作る

3　色や素材を揃える

① 枠を決める

まずは収納の「枠を決める」枠決め思考から説明していきますね。

例えばパズルをするとき、パズルの枠は決まっていますよね。そのパズルの枠の中にはめるピースの数も決まっています。すべてのピースが枠に収まれば完成です。これを収納に応用すると次のようになります。

■収納の枠（スペース）を決める
■枠が決まったら中のモノを一度取り出す
■必要な物から優先的に収納する
■枠がいっぱいになったら完成

スペースが決まっている以上、入れる物の数量は調整しなければなりません。

例えば、タンスの中にセーターを収納する場合は「引き出し一段＝収納枠」となります。ここに、お気に入りのセーター、無いと困るセーターから順番に収納していき、枠がいっぱいになれば完了です。

この「枠決め」のメリットは**物の優先順位が明確になること**です。「捨てるのが苦手な人」は少なくありませんが、その理由は数量ばかりが気になってしまい、物の優先順位が分からなくなるからなのです。

② 面と直線を作る

続いて「面と直線をつくる」です。

枠が決まったら「目的」を明確にしましょう。本棚の場合は「ここにはどんな本を置こうか」と本棚1段ごとに、目的をはっきりさせます。例えばこの段には文庫本を置くと決めたら、文庫本を集めて優先順位ごとに並べていき、段がいっぱいになったら終了です。

段ごとに収納したら「きれい」「分かりやすい」など、収納しているモノの見せ方を工夫していきます。棚によっては1段で収納し切れず、違う種類の本が一緒に収まることもありますが、大きさの違う本でも高さを揃えると、直線ができてすっきり見えます。奥行も揃えれば凸凹なく本棚の全面が1枚の面のように整って見えるのです。

モノは**まっすぐにすると整頓されて、整然として整った印象**になります。そればかりか、分かりやすく「見つからないこと」もなくなるのです。

③ 色や素材を揃える

収納3大ルールの最後は「色や素材を揃える」です。

ここでは、面や線をつくるだけではなく、物の色やケース素材をそろえて統一感を出します。

沢山の色は賑やかな印象を与えてくれますが、目が疲れます。特に洗面所などは、様々な色の小物が多種類置いてあるため、ごちゃごちゃした印象になってしまいがち。

そんなときは、収納ケースを統一して、色や形がまちまちな物をすっぽりと隠すと印象が良くなります。

中がバラバラでも、見えるケースはすっきり並んで見えます。

特に、面積の広い物ほど、色の影響は大きく出ますので、カーペットやカーテン、ベッドカバーを同じ色で統一すると効果は絶大です。また、色だけではなく、素材をまとめるのもお勧めです。ケースはプラスチック、カゴは天然素材など、全く同じでなくても統一感がでます。

さらに、生活感が出やすい食器類も「白い食器はまとめる」「ガラス素材で揃える」などを意識するだけで、素敵な空間になります。そして、その見た目を保ちたくなり、自然としっかり管理するようになるのです。

一問一答！

整理・整とん・片づけQ&A

セミナーや講演でよくあるママたちからの質問に著者がズバリ回答します

Q.01

DMやチラシ、
子どもの学校プリントなどが溜まってしまいます。
捨てるのと残しておくのを決めようと思っているうちに、
更に増えてしまい…。
書類の整理、苦手です！
（賃貸マンション3LDK／お子さん➡小学生2人）

A.

書類は「誰のものか」で、人別に分けると管理しやすくなります。
また、自分のものがどこにあるかがわかるため、
ママがいなくても家族が自分で必要な
書類を見つけやすくなる
メリットもあります。

Q.02

断捨離に関する本を
何冊も読みましたが、
相変わらず捨てるのが苦手です。
特に洋服が捨てられません。
（賃貸マンション2LDK／
お子さん➡幼稚園1人）

A.

無理に捨ててもリバウンドしては意味がありませんよね。
本書では「捨てる」は最後の行程であると提案します。
いきなり捨てる判断はつきづらいと
思いますが、片づけの先に、
自然に不要な物が見えてくることが
ありますよ。

Q.03

小さい時に子どもが描いた絵や作った作品がたまっています。
捨てるのもどうかと思うのですが、どうしたら良いでしょう？
（戸建て3LDK／お子さん➡中学生1人,小学生1人）

A.

子どもにその作品を持ってもらった写真を撮っておきましょう。
その時の雰囲気や思いは写真で十分
に残せることが多いものです。

Q.04

**片づける気がおきません、
どうしたらヤル気がわきますか？**
（戸建て4LDK／お子さん➡小学生3人）

A.

苦手意識があるのにモチベーションを
上げるのは難しいものです。
「片づけ」と考えずに
「快適な生活環境に向けた準備」
くらいに捉えてみてはいかがでしょう。

Q.05

**片づけを一気に
やろうとしても上手くいきません。**
少しづつでは意味がないと思うのですが…。
（賃貸マンション2LDK／お子さん➡幼稚園1人）

A.

一気に完璧。オール・オア・ナッシング。
いえいえ、少しづつで良いですよ。
自らハードルを上げると、
成功しにくくなってしまいます。

Q.06
どのように収納すればよいのですか？
収納の基本的な考え方があれば知りたいです
（戸建て3LDK／お子さん➡小学生2人）

A.
収納のセオリーはP.54に書きましたが、
もう一つお教えしましょう。
それは「立てる」収納です。
平積みすると上にある物しかわかりませんし、
全てを使うことが難しくなってしまいます。

Q.07
**恥ずかしながら、
かなり散らかっています。**
どんなところから片づければ上手くいきますか？
（賃貸マンション3DK／お子さん➡幼稚園1人）

A.
自分がスッキリさせたい場所から
はじめた方がソノ気になれます。
難しければ、引き出しの一段など、
小さく簡単な場所からはじめてみましょう。

Q.08
子どもがおもちゃを片づけません。どうしたらよいですか？
（賃貸マンション2LDK／お子さん➡小学生1人）

A.
「片づけ」というよりも習慣にするイメージが効果的です。
一日5分で良いので、習慣になるまでは
一緒に片づけてあげましょう。

Q.09
災害用品ストックはどんな物を用意すればいいでしょう？
（賃貸マンション3LDK／
お子さん➡小学生1人、幼稚園1人）

A.
食料品は家族人数×3日分、
非常用トイレ、
飲料水家族人数×3日分×２Ｌで十分です。
それよりも、いざという時に
どこにあるかわからないといった事態に
ならないようにしましょう（笑）。

Q.10
子ども部屋は必要ですか？
勉強机は購入した方がよいですか？

A.
子ども部屋、学習机はなくても大丈夫です。
必要なのは自分のものを管理したり、
勉強する際の
「自分のスペース」です。

Q.11
主人がズボラで、
まったく片づけてくれません、
どうしたらよいでしょうか？
（賃貸マンション3LDK／お子さん➡小学生2人）

A.
よくわかります（笑）。
旦那さんには個人スペースを作ってあげて、
自分で管理してもらいましょう。

Q.12
「整理」と「整頓」の違いはありますか？
（賃貸マンション2LDK／お子さん➡幼稚園1人）

A.
「整理」は要る物と要らない物を分けること。
「整頓」は見た目をきれいに整えることです。
見た目を整える整頓からはじめると、
片づけやすいですよ。

Q.13
朝に片づけても夜には散らかってしまいます…。
ひょっとして、片づけは夜にやるものなのでしょうか？
（戸建て3LDK／お子さん➡中学生1人,小学生1人）

A.
片づけをするタイミングはご家庭ごとに違っても問題ありません。
朝でも夜でも、1日1回片づけることが
できていればOKです。

Q.14
掃除や片づけは嫌いじゃないんですけど、
やりだすとハマってしまい、
他の家事がおろそかになってしまいます。
（戸建て4LDK／お子さん➡小学生3人）

A.
きっと綺麗なお宅なのでしょうね。
掃除や片づけをするときは
「時間」と「範囲」を決めてから
のぞみましょう。

Q.15
平日は仕事が遅いので
週末だけの片づけじゃダメですか？
（賃貸マンション2LDK／お子さん➡幼稚園1人）

A.
週末にまとめて片づけても良いと思います。
平日に「週末は何を片づけるか」を
意識しながら過ごしましょう。

Q.16
レジ袋やごみ袋、紙袋などをストックしすぎてしまいます。

いつか使うと思うのですが適量は？
（戸建て3LDK／お子さん➡小学生2人）

A.

タダより高い物はない。
レジ袋はもらわずエコバック使用を
習慣にすると溜まりすぎません。
また、ゴミ袋はゴミ箱の下に収納し、
紙袋は自分で定数を決めましょう。

Q.17

主人の本や子どものマンガなど、
本棚をきれいを保つには？
（賃貸マンション3DK／お子さん➡幼稚園1人）

A.

高さと奥ゆきの凸凹を揃えて一直線にし、
手前には見栄えのよい写真集などを置いて隠します。
本当は定期的に処分してもらう
ようにするのがベストです。

Q.18
通帳や印鑑はどこにしまうのがお薦めですか？？

（賃貸マンション2LDK／お子さん➡小学生1人）

A.

一般論に縛られず、自分が分かりやすい
ところに置くことが基本です。
下駄箱やシステムキッチン、
わたしのお客様には冷蔵庫（！）に
入れる方もいましたよ。

Q.19

おしゃれなシステムキッチンにしたのですが、
あまり使いこなせていません。
（賃貸マンション3LDK／
お子さん➡小学生1人、幼稚園1人）

A.

おしゃれに負けず、
自分が管理しやすいように使っていきましょう。
凝った収納もいいですが、
分かりやすいことが重要です。

Q.20
食料品のストックは？

A.

冷蔵庫や収納場所に入る分だけにしましょう。
セールや特売など「お得感」の誘惑は強いものですが、
必要以上に買ってはいけません。

Q.21

お風呂グッズの収納についてポイントはありますか？
（賃貸マンション2LDK／お子さん➡小学生1人）

A.

体を洗う泡立ちネットや掃除ブラシなどを吊るしておき、
シャワーを浴びている間にこする
習慣がつくと、カビを防げます。

COLUMN 2

プロの整理収納アドバイザーが聞いた

収納グッズのお話。

「お薦めアイテム話に花が咲く」

積水ハウス住宅展示場で収納のセミナーをしたときのお話です。

家の中をまわりながら方法を説明する、実践ツアー形式で行いました。

和室の押入では、湿気対策と収納が同時にできる衣装ケースを使った提案をしました。

「こうすればいいのね〜」とお客様は納得された様子でしたが、「おいくらですか？」「奥行きの長さは何センチ？」と質問がたくさん出ました。

その後の歓談中も、収納や片づけのグッズで大盛り上がり。

「DVDケースなら押すだけで開くワンプッシュ式がありますよ」などと皆さんのおすすめグッズの話に花が咲きました。

片づけや収納の負担を軽減できる便利なグッズには、やはり皆さん興味があるのですね。

わたしも自宅で様々なグッズを愛用しています。

P80でその一部を紹介していますので、よかったら参考にして下さい。

Part.
3

ママがやること。ママしかできないこと。

「自分のものは自分で片づける」のが家族の片づけルール。じゃ、ママは何をどうすれば…？

自分も家族も気持ちよくすごせるお家はママ次第。
本章では、ママがやるべきことや意識した方がよいこと等、
ちょっとしたテクニックも交えてお教えします。

#20

片づけるのはみんなの場所だけ ママは共有スペースの管理人

●状況を把握して片づけを「管理」する

前章でお話した通り、個人スペースはその担当者が管理しますが、リビングやキッチンといった共有スペースについては、ママが一括して管理します。

どこからどこまでが共有の場所なのかを把握した上で、おかしなところがないかを確認しながら、毎日の片づけをしましょう。これは玄関やロビー、廊下などを確認してくれるマンションの管理人さんをイメージすると良いと思います。

「家族で決めた共有スペースのルールがちゃんと守られているか？」

あくまで中立の立場から、家族の声も聞きながら見ることが大切です。

これらを実践している管理人のようなママがいれば、散らからないばかりか、家族の不満が出にくくなります。

メリハリのある家には、優秀な管理人がいるものなのです。

家族に声をかけながら共有スペースを管理しましょう。ルールが守られているか、誰かが不満を抱えていないか。管理人の意識をもつと、そういったことが見えやすくなてきます。

まとめ 管理人のように中立に、共有スペースを管理する

#21

ヤル気が出ない時もありますよね？
片づけスイッチの入れかた

●例えば朝に10分。体を動かしましょう。

片づけには「動」と「静」の2種類があります。モノを移動するなど、体を使う「動」と、優先順位や手順を考えるなど、頭を使う「静」の片づけです。

一日の始めは「動」の片づけから入るとよいでしょう。わたしは、目覚めたら元に戻っていないモノを片づけながら10分間、家中を歩くようにしています。運動にもなり、部屋もすっきりするお薦めのスイッチの入れ方です。

ポイントは時間を決めて、目の前にあるモノをとにかく戻すこと。

10分間、集中して片づけることに慣れてくると、時間間隔を体が覚えていきますし、短い時間でも、思ったより多くの片づけができるようになっていくものです。

この習慣のおかげか、以前は時間のかかった**トイレ掃除も5分でできるようになりました。**出るかどうかわからないヤル気が起こるのを待つより、自分でスイッチを入れてしまいましょう。

ときには素晴らしいインスピレーションがあるかもしれませんが、基本は「考えるよりも動く」が正解です。気分が乗らない時でも体を動かしはじめると、自動でスイッチがオンになるのです。

まとめ

「動」スイッチをON！
頭ではなく体から動かす

#22

意識改革でスピード・アップ

早く終わらせて成功体験を積む

●片づけが人を変えることもある

前のページで「10分間の朝片づけ」をおすすめしました。これは片づけのスイッチを入れるためでしたね。

以前ご縁のあったご家庭の朝習慣は「シャワーを5分浴びること」でした。わたしがお伺いした時には、ご家族が交代で「あと2分だよ！」などと、にぎやかに声をかけあいながらシャワーを浴びているところで「これはわかりやすいスイッチだな」と感じました。

片づけは誰もが毎日行うこと。何かをすれば、必ず片づけもセットで付いてきます。だからこそ、時間を決めてゲーム感覚で終えてしまうのは良い方法だと思います。さらに、**慣れとともにスピードは上がりますし、片づけた達成感を感じる**チャンスも増えていきます。

「昔は家に帰るのが嫌だったけど、今は早く帰って片づけたいんです」

これは、講演に来ていただいた一人暮らしの女性の言葉です。それから毎日、早く帰宅して片づけを続けた彼女の家は、ますますキレイになりました。いつもの手順通りに片づければ良いと分かっているので、あとはやるだけです。

「早くきれいな状態にしたい」という気持ちから、片づけはどんどん進みます。

そして、片づける時間と回数に比例して手際が良くなっていくので、**片づけ自体が早く終わるようになっていく**のです。

「もっと効率良く片づけるために工夫するのが楽しいです」

最近、先ほどの女性に再会した時の彼女の言葉です。

「自分は片づけられない女だと思っていたけど、今は少し自信がつきました」

日常の片づけを通して習慣化、効率化を経験した彼女は、多くの成功体験を積み重ねたのでしょう。自信なさげだった初対面時とは別人のようになっていたのです。

まとめ

たかが「片づけ」でも、人は成長し、自信がつくようになる

#23

家でいちばんモノが集まりやすい場所
リビングにおけるモノの置き方

●家のオアシス「リビング」だけは散らかさない

居心地の良いリビングには、人が自然に集まってくるものです。では、その「憩いの場」を散らからないようにするにはどうしたら良いのでしょうか？

モノが多いのに、なぜかスッキリ見えるダイニングやリビングというのがあります。その秘密は**70センチ以上の家具の上にモノを置いていないこと**なのです。

この高さはテーブル・チェスト・キッチンカウンターなどが該当します。人は目線から腰の高さが、最もモノを取り出しやすい位置だと言われてします。それはつまり、モノが置きやすい（＝散らかりやすい）位置や高さでもあるのです。

何気なく置いた家族のモノが増えていくと、それを一つ一つ戻すことが億劫になってしまいます。

リビングを見渡して、モノが置かれそうな場所が残っているようなら、**あらかじめ花や時計などを置いて、私物を置けない状態にしてしまいましょう。**

家族が集まるリビングルームだからといって、その場所にいろいろなモノまで集まってしまうのは考えモノ。みんながついついモノを置いてしまうのはどこなのか？　いつも何か置いてあるのはどこなのか？　危険なポイントを見つけて、しっかりと対策を講じていきましょう。

まとめ　腰高の「置き場所」が危険　置かれない工夫で対策を

#24

管理人の次は配達人？
ママは届ける〝だけ〟に徹する

●優しいママは片づけない。けど、届けます。

リビングやダイニングといった場所は家族のモノが集まりやすい場所です。

家族も「自分のモノは自分の場所に片づける」と頭ではわかっていても、滞在時間が長いため、ついつい置いたままに…ということもあるでしょう。

しかし、家族が戻すのを待っていたらますます時間が経ってしまいますし、その間にモノはさらに増えていってしまいます。これでは、共有スペースはいつまでたっても片づきません。

そんな時ママは、前にお話しした管理人に代わって「家族のモノを届ける配達人」になりましょう。本来は持ち主がやるべきなのですが「共有スペースを守る」という目的のためには、**時には割り切りも必要です。**

持ち主の場所へ置かれたモノを届けてあげるのです。

●家庭における配達先って？

しかし、あくまでもママは配達人。モノを共有場所から個人スペースへ届けるだけなのです。

ただし、届け先が毎回変わってしまうようでは、家族もどこに届いているのか分りにくくなってしまいます。どこに届けるのかは、事前に家族で話し合って明確にしておきましょう。**部屋の前など、床に置くのは避けた方が良い**と思います。なぜなら、見た目も悪く、掃除機もかけられなくなってしまうからです。

お子さんの場合でしたら机の上、ご主人のモノならベッドの上などに置いてあげると整頓がしやすいでしょう。

まとめ

片づけずに「届ける」だけ その先は持ち主の仕事

#25

原因がわかればもう散らからない 片づけのリバウンドを防ぐコツ

●もう散らからない。そんな片づけを目指しましょう。

「また、ハサミが使ったままテーブルに置いてある」

「無いと思ったボールペンを買ったら、別のところからたくさん出てきた」


わが家で、最も置きっぱなし率が高いのは文房具です。そして、文房具はなぜか量の感覚がつかみづらく、同じようなモノがいくつもあったりしがちです。

でも、この文房具問題も、使い終わったら元の位置に戻すというルールが守られていれば、何の問題もありません。文房具が散らかるのは、子どもが使うことが多いからだと思います。子どもは次から次へと興味が移るため、少し前にハサミを使ったことなどすっかり忘れて、つい置きっぱなしになりがちなのです。

ここではそんな文房具を例に、管理・片づけについての対応をお教えします。

■文房具の管理法

①文房具は「子ども用」と「家族共有」で分ける

置きっぱなしの担当者が誰か分かるように、子ども用と共有の文房具を分けます。

②「子ども用」と「家族共有」の文房具に、それぞれ違う目印をつける

それぞれに違うマスキングテープ等をつけて、一目で違いが分かるようにします。

③「子ども用」と「家族共有」の文房具を、違う場所に置く

子ども用文房具は個人のスペースに、共有の文房具はリビングルームに置きます。

共有の文房具は、専用の細長い箱に1種類1個と決めて収納していきます。細長い箱と中に入っている文房具に同じ目印をつけることで、戻す場所にも目印がある状態にします。

この「モノの目印をつける方法」は、他にも活かせます。例えば、絵本は子どもが自分で戻せるように、本と本棚に同じ目印をつけてあげましょう。棚ごとに目印の種

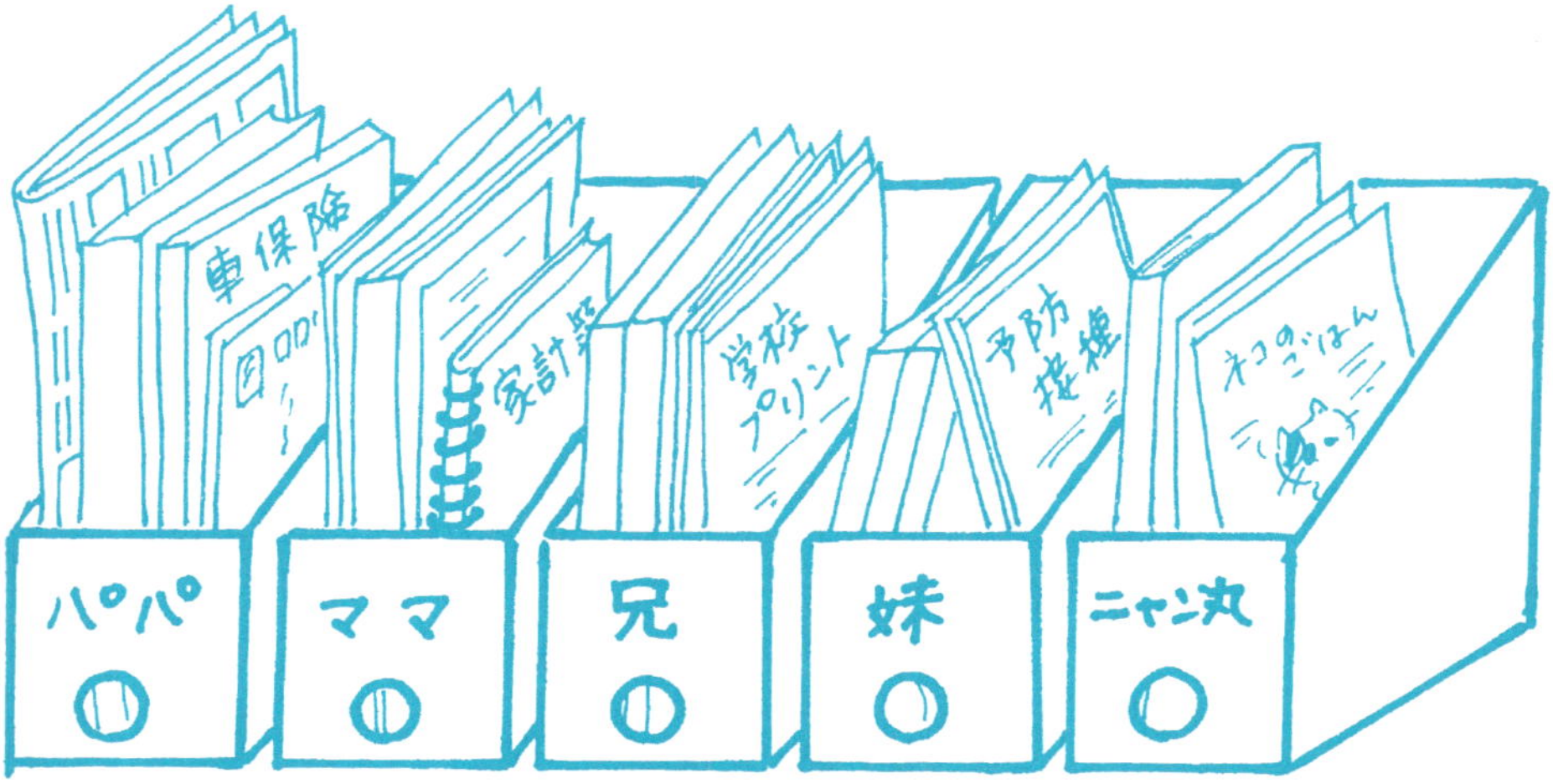

リビングにこのようなファイルBOXがあれば、自分の書類が必要になった時、探さずに済みます。また、車関係の書類を確認しようと思ったら「夫」のファイルを確認…といった具合に、他人のモノでも場所の見当がつくようになります。

類を変えていけば、さらに細かく管理することもできるようになるでしょう。また、まんがや図鑑などのシリーズ物でも、マスキングテープでナンバリングしていけば、子どもでも一冊ずつ本の置き場所が分かるようになるのです。

モノに目印があれば持ち主も分かり、そこから最後に使った人も推測できます。

■書類管理の方法

郵便物や書類などの紙類も気がつくと増えるやっかいなモノです。これらも仕分け先が分かるようにしておくことで、**管理しやすく紛失を防げます**（※上図）。

まずはこの2つを用意します。

① クリアファイル（2リング・ポケット付が使いやすい）
② ファイルBOX（人数分置くので薄いタイプがおすすめ）

家庭の書類管理のポイントは、**人別に管理すること**です。クリアファイルはバラけにくいポケット付にして、1カ月に1度くらい、時間があるときに整理しましょう。

この方法はわたしの反省体験がもとになっています。以前、長女が部活で捻挫してしまった時、私が仕事で外出していたため、娘は保険証を見つけることができず、病院へ行けなかったのです。

それがきっかけで、保険証やおくすり手帳といった病院関係のモノを人ごとにまとめるようになりました。

今は、わたしが不在の時でも、自分に関係する書類がまとまっている場所がわかるため、**緊急時でもすぐに必要なモノを見つけることができる**ようになりました。

まとめ

文房具や書類などの天敵は人ごとに管理する

#26

理解できない価値だからこそ話をする
家族の趣味に向き合う

●家族の価値観を理解する

人には他人にはわからない価値観があり、それは家族であっても同様です。印象に残っているのは、リビングにたくさんの仏像があるお宅です。高さ50センチほどの仏像が20体以上並べられていました。ご主人の趣味とのことでしたが、大切なはずの仏像はホコリまみれ。まわりも書類やゴミだらけ…しかも、仏像は重く、破損の可能性もあるため動かせません。片づけも掃除もできない状態でした。

その時はご主人に確認を取ってもらい、許可を得た上で動かしましたが、驚いたのはその後、**ご主人が仏像や周辺をマメに掃除するようになった**と聞いたことです。

人によって大切なモノや価値観は異なります。だからこそ、ちょっと理解しづらい夫の趣味に対しても**先入観を持たずに相手の気持ちを聞くこと**や、汲み取ってあげることが大切なのです。中立の立場で、コミュニケーションを信じて向き合いましょう。

他にもレコードやフィギュアなど、夫の趣味やコレクションは多岐にわたります。その価値は理解できなくてもよいのですが（苦笑）、彼らにとっての価値を理解することは重要です。それをきっかけに、片づけ意識が芽生えることもあるのです。

まとめ 価値観がわからない時は丁寧に会話をする

片づけを効率化する便利グッズたち

手頃なお値段だけどけっこう使えます。
日々の片づけを簡単にしてくれるお薦めの片づけグッズはこの4点。

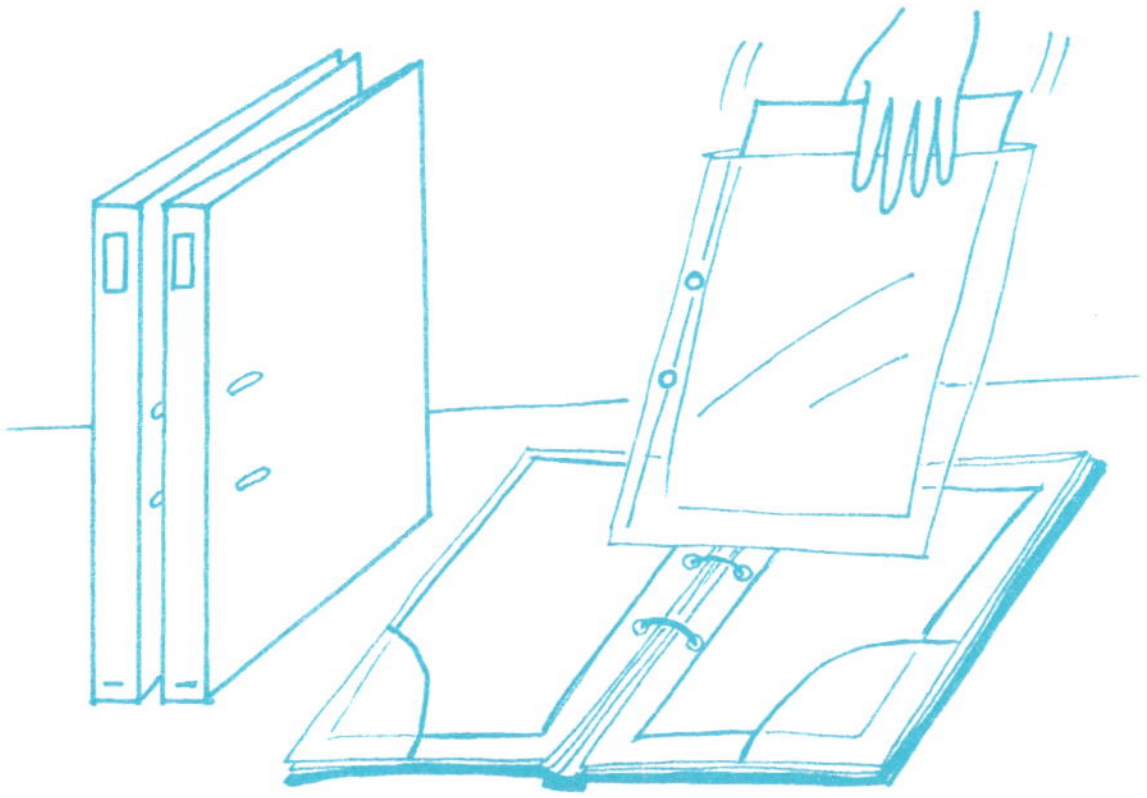

書類の“見つからない”がなくなる

クリアホルダー＆リングファイル

用　途 書類の整理・管理
便利度 ★★★★★
汎用性 ★★☆☆☆
コスパ ★★★☆☆

クリアホルダーはポケット付が便利。2穴タイプにすればリングファイルに綴じることができるので、さらに管理しやすくなりますし、何より探すのが大変だった書類の迷子が無くなります。

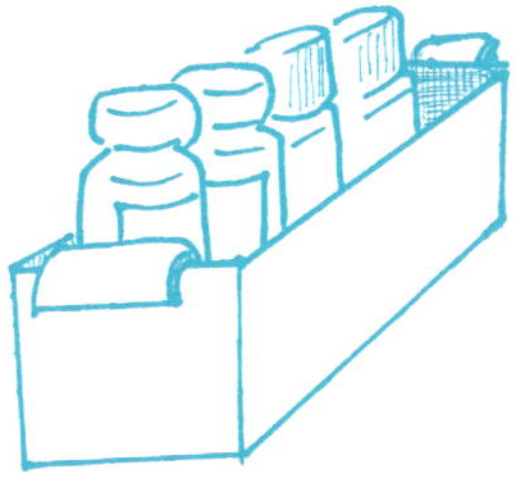

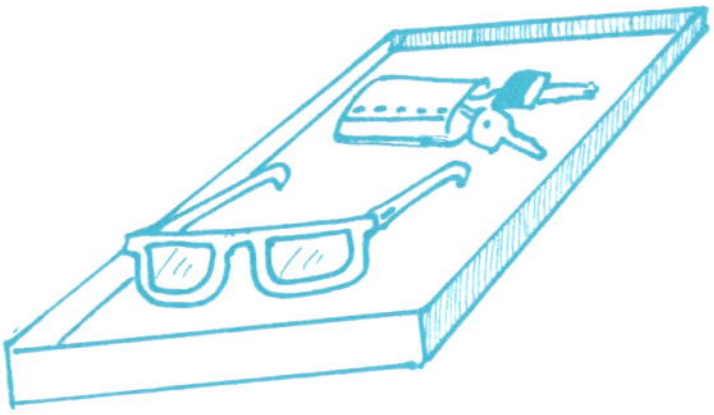

安くて使い勝手の良い優れモノ

トレー（大・小）

用　途 小物の移動・調味料管理
便利度 ★★★★☆
汎用性 ★★★★☆
コスパ ★★★★☆

大きめのトレーはテーブルなどに散らかったものを、1回で移動させることができるので、何度も移動する手間が省けます。深さのあるタイプは、狭い冷蔵庫の調味料整理などにも使えます。

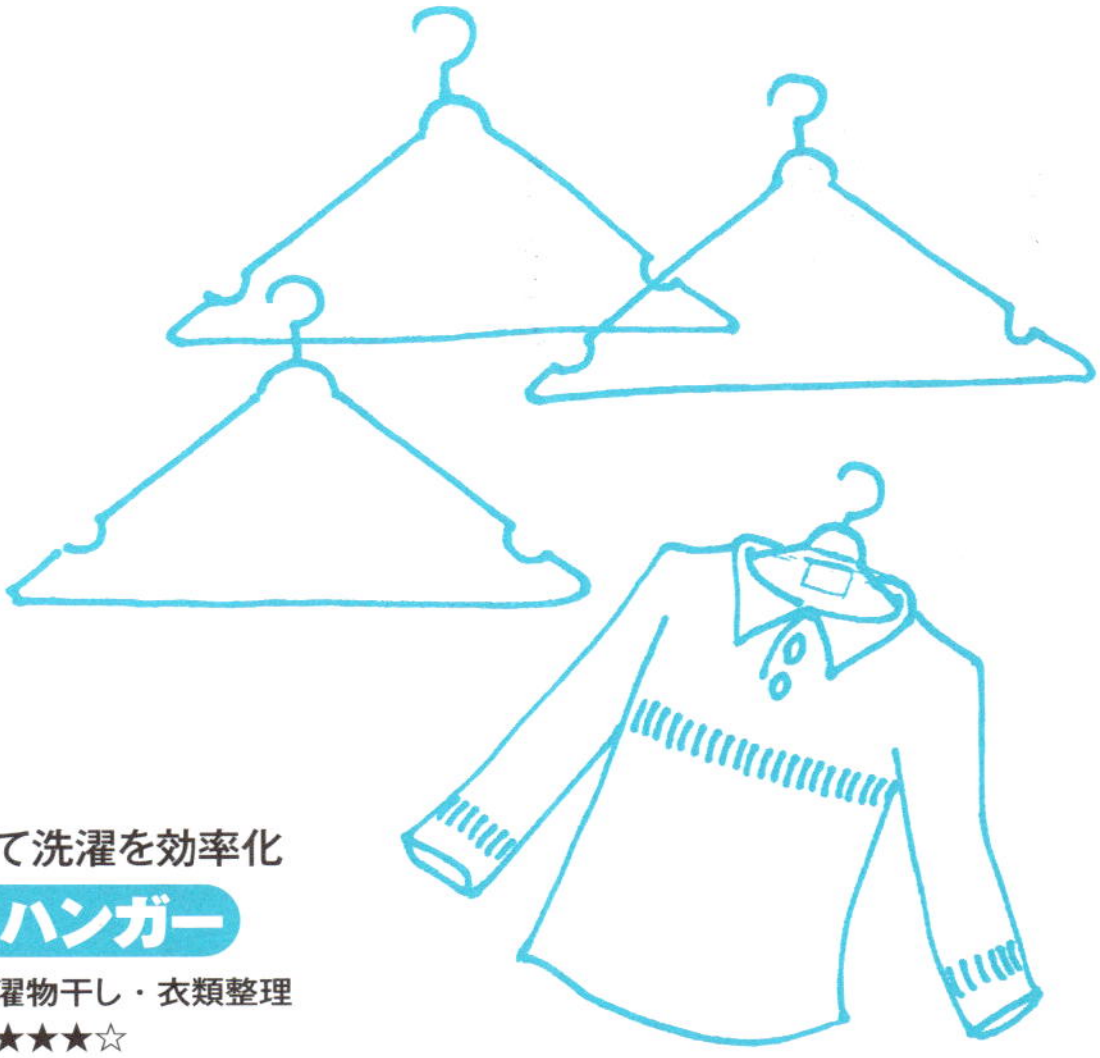

数を揃えて洗濯を効率化

アルミハンガー

用　途 洗濯物干し・衣類整理
便利度 ★★★★☆
汎用性 ★☆☆☆☆
コスパ ★★★★★

洗濯機からそのままアルミハンガーにかけて干すことで、洗濯の手間を軽減しましょう。ハンガーは高価なものでなくても良いですが、同じ種類で揃えると管理しやすくなるのでオススメです。

文具や小物を省スペースでスマートに管理できる

小物収納BOX

用　途 小物の整理
便利度 ★★★★★
汎用性 ★★★★☆
コスパ ★★☆☆☆

いろいろな用途がありますが、我が家ではうっかり増えがちな文房具の整理に大活躍。蓋を閉めている状態だと場所も取りませんし、見た目もスッキリします。

#27

共有スペースですが、ここは特区です
冷蔵庫はママの聖域

●家族を守るための特別な権限です

家の中には様々なスペースがあり、それを分けることの重要性については既にお話ししました。ところが、スペース分けしにくい場所もあります。例えば、**冷蔵庫の中は個人・共有どちらのスペースでしょうか。**

細かく見てみると冷蔵庫の中の物は、お肉などの「共有」のモノや、子どもの飲みかけジュースなど「個人」のモノが両方一緒に置いてあります。ですから、共有スペースの中の個人のスペースということになります。そうであれば、ルール上は冷蔵庫の個人のモノも、持ち主が管理するのですが…冷蔵庫だけは別です。

冷蔵庫の中はママの聖域です。特例が認められるのです。

衛生面、健康面を考慮して、個人のモノを捨てる権限があります。また、家族のためのスペースが優先されるため、個人のモノの量を制限する権利もあります。

ママは家族の健康に直結するこの聖域をしっかり管理しましょう。

飲みかけで放置されていた賞味期限の過ぎたジュースを子どもが飲んでしまう。夫の発泡酒が多くて、夕食用に買ってきた刺身が冷やせない…。そんなことはあってはいけません。冷蔵庫は家族の健康を支える「食」を管理していますから、その管理は当然ママがするべきなのです。

まとめ ママが全権を持って家族の「食」を管理する

#28 1回しか使ってないモノ、ありませんか? 調味料の買い方・管理について

●おしゃれな調味料は覚悟を持って買う。

久しぶりに使おうと思った調味料の賞味期限が切れていた…。これも典型的な「主婦あるある」の一つでしょうか。テレビで見た料理が作りたくなって、出番が少ないのはわかりつつ買った、あの調味料たち。**入れ物の大きさも、使う頻度もバラバラな調味料**は、意外と管理が難しいものです。

そこで、わたしがよくお話するのは「1回使っただけで賞味期限切れになるかもしれないので、**捨てられる覚悟**があるなら買いましょう」です。

もともと「使いきれないモノ」として買っているので捨てやすくなります。

とはいえ、それでも溜まる調味料は大きさを揃えて「見える」ラックで管理しましょう。また、商品に付いてきたタレや醤油、辛子などは冷蔵庫内のちょうど目線が行きやすい場所にトレーなどで集めて置くと忘れずに使えます。

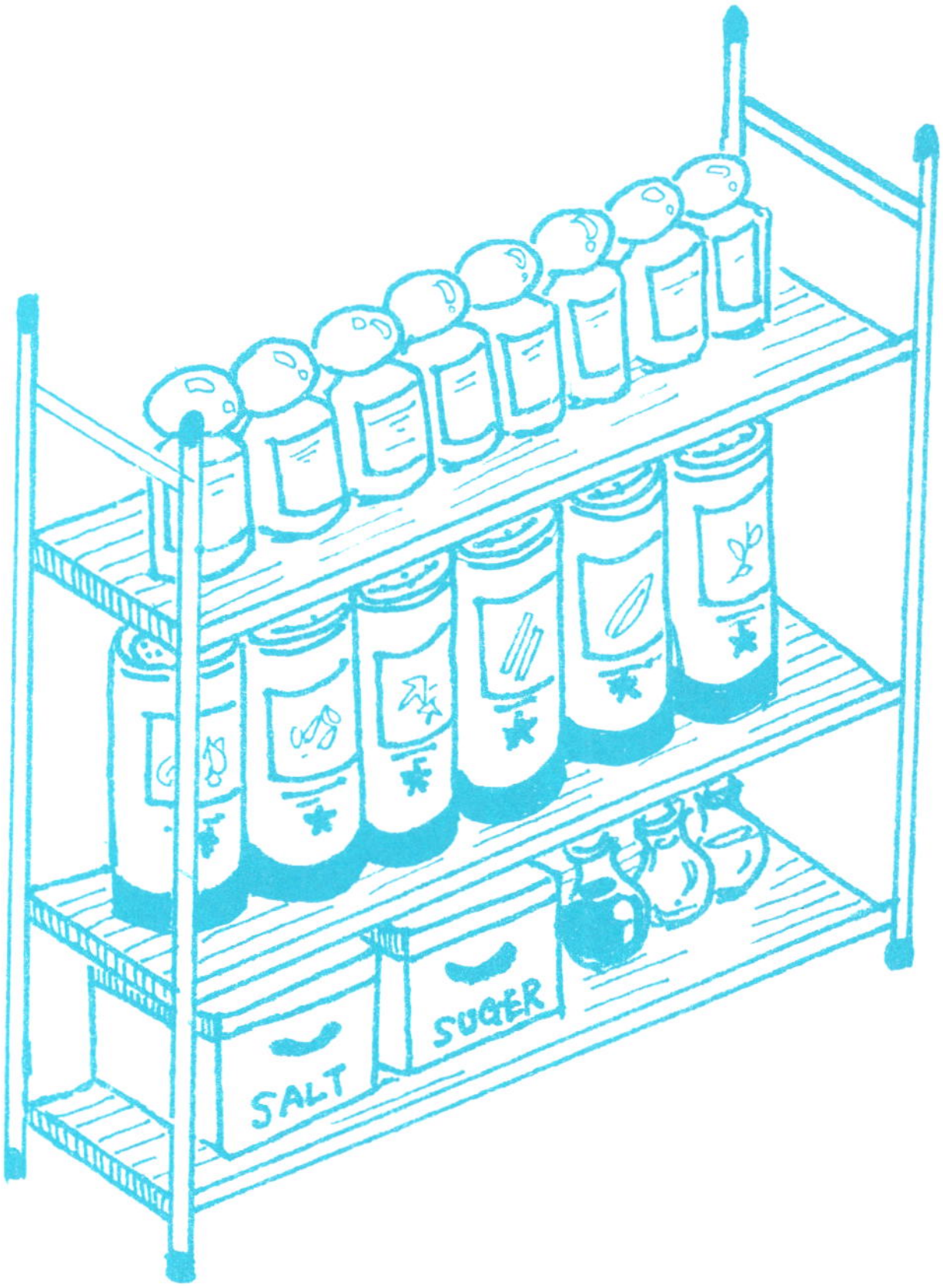

ハーブやスパイス、海外製の調味料…。おしゃれな見た目はキッチンをセンスよく彩ってくれますが、これらの出番はそれほどないかもしれません。サイズやデザインを揃えて「見える」ように管理しつつ、賞味期限が切れたら迷わず捨てる。これが調味料管理の鉄則です。

まとめ

調味料の管理に必要なのは“捨てる覚悟”と“見える収納”

#29

意外と適当に考えていませんか？
ゴミのルールと増えすぎるビニール袋の管理

●ゴミをどうするか？

捨てるモノを「決める」ことは得意なのですが、ゴミを出す「行動」が苦手という奥様がいました。その方は他にも「ポストから郵便物を出す」や「カバンからモノを出す」という動作も苦手なようでした。

ゴミ出しのコツは、いつでも**すぐに捨てられる状態にスタンバイしておくこと**です。

そのためには、次のようにゴミ出しの仕組みを決めておくことが大切です。

臭いの問題があるため、ゴミをまとめるのは、毎日夕食後と時間を決めるのが良さそうです。また、ゴミは指定袋に入れておきましょう。意識するのは、ゴミをいつでも出せる状態にしておくことなのです。

その他の「いつでも出せる状態」はこのような状態です。

・古紙　→　紙袋に入れて、ヒモで結んである状態

・古布　→　中が見える透明な袋に入れて先をしばっている状態
・ビンやペットボトル　→　洗って乾かして、それぞれカゴに分けてある状態。

この状態にしておけば「出す」行為がうんと簡単になりますよね。

●ビニール袋は集めるモノではありません

ゴミに関連して袋のお話です。ビニール袋も「出す」ことを意識しないと、買い物の度に増えていきがち。普段からエコバッグを使うようにし、増えてしまったレジ袋は、使い切れるように**用途を考え、必要なサイズと数を決めていきましょう。**

一箇所にまとめてあり、数が決まっていれば、足りなくなった時に補充するだけで済むようになります。「いつか使うかも」は大敵です。その「いつか」が、今までにどれくらいあったのかを考えてみましょう。

まとめ

ゴミをまとめる時間、袋を溜める数を決める

#30

食器や調理器具は見えるように管理
縦収納　-モノはサンドイッチのように収納する-

●モノは重ねず縦に収納するとわかりやすい

パンにはさまれたタマゴやフルーツの断面が、ガラスケース越しにキレイに並べられているサンドイッチを想像してください。収納の場合でも、このように**立てることで内容が分かりやすく、きれいに見えます。**

●棚

グラスやコップなど、棚への収納には「奥の物が見えづらい」という問題がありますのでコンビニのドリンク置き場のように、同じ種類の物を縦一列に並べて置きましょう。

●引き出し

引き出しの場合も、上から見て全体が把握できるように縦に収納します。鍋などの調理器具を**重ねて収納すると、動かすのが面倒**なため、だいたい一番上のモノしか使わなくなってしまうからです。

「立てる収納」は特に引き出し収納に有効。引くと、すぐにどこに何があるかわかる状態です。重ねると多くのモノを収納することはできるのですが、下のモノが取り出しにくくなるのが難点です。

まとめ

フライパンや鍋も立てて収納すると「重ね収納」よりも使いやすい

#31

不人気家事を効率化する方法は?

洗濯モノではなく行程を減らす

●洗濯の効率化をめざす

手間のかかる洗濯は、ぜひ効率化したい家事です。それには「減らす」ことが有効なのですが、**減らす対象は洗濯物の数ではなく「行程」と「重さ」**になります。

洗濯には**「洗う・干す・取り込む・外す・畳む・分ける・しまう」**と、7つもの行程がありますが、下着やリネン類以外をハンガー掛けにすることで「畳む〜しまう」部分の行程を減らすことができます。なぜなら、干し終わったらそのままクローゼットに直行できるからです。

その次は「重さ」を減らしてみましょう。洗い終えた洗濯物は水を含んで重くなります。そこでアルミ製のハンガーを使います。とても軽く、材質がサラッとしているので汚れがついてもすぐに落とせます。

靴下やハンカチなどの小物を干すピンチハンガーもアルミ製の物を使うと重くなりません。些細なことですが、毎日の洗濯疲れが軽減されますよ。

洗濯物をすべて畳むのは大変です。きっと、畳む前の洗濯物の山から抜き取って使う家族もいるでしょう。理想と現実の間で悩むより、思い切って「行程を減らす」と楽になれますよ。

まとめ 洗濯機からアルミハンガー直行で行程と重量を減らす

#32

なにごとも「余裕」が大切です
洗濯モノの避難場所をつくっておく

●備えあれば憂いなし。「隠す収納」のススメ

タオルや下着などの小物類は畳んで収納しますが、急な来客があったときなど、すぐに取り掛かれない時があるものです。そんな時は、とりあえず適当な場所に押し込んで、後で見たらシワだらけ…なんて経験はないでしょうか？

すぐに作業を始められない、時間が取れない時は、**モノを一時的に移動するための場所が必要です。**隠せなくて困ることが多いのは、干し終わった洗濯物です。

そこで、おすすめなのがプラスチックの衣類ケースです。その一段を空けておき「隠す収納」用の場所にするのです。すでにスペースがいっぱいの場合は一段増やしても構いませんが、衣類の見直しをして空きを作ることをおススメします。

ただし、**このスペースは洗濯したモノを一時的に保管する場所**です。作業ができる状態になったら、洗濯物を畳み、すぐに他の衣類ケースに分けてしまって終了です。

この「隠す収納」用の場所があると、急な来客があっても慌てることがなくなります。

このスペースがあるとないでは、見た目（洗濯モノの山が消える）と気持ちの余裕が変わってきます。また、このスペースをつくること自体が片づけのきっかけになるのです。ただし、このスペースは長居禁物。なるべく早く、正しい場所に移動させることを忘れないで下さい。

まとめ 衣装ケースなどに1段
避難スペースを確保する

#33

みんなが使うから汚れやすい 難所「洗面脱衣所」を管理するルール

●出入りも動きもモノも多いからしっかり対策を

洗面脱衣所は、顔を洗う・歯を磨く・洗濯する・着替える・髪の毛を乾かすなど多くの動作を行う場所です。それにともない、石鹸や歯ブラシ、化粧品や衣類洗剤、さらには掃除用具やドライヤー、タオル、足元マットなど、たくさんのモノが置かれているため、**家の中で最も雑然としたスペース**だと思います。

洗面台の上にカラフルな家族全員の歯ブラシや、歯磨き粉が出ていませんか？

洗面所は多くの人が様々なことをするため生活感が出やすく、注意が必要です。見た目を良く保つには、小物を吟味したり、収納素材を統一したり、洗濯の時にお話した「隠す収納」を意識しましょう。

さて、片づけの難所である洗面所について、わたしがお伝えしたいことは2つ。一つはモノについて。もう一つはお掃除についてです。

●洗面所に必要なモノ

洗面台下収納の片づけをした時、なんと5年分の衣類洗剤が出てきたお宅がありました。スペースのほとんどが柔軟剤で埋め尽くされ、逆に他のモノは切らしていてアンバランスだったことを覚えています。当然ですが、一種類だけモノが沢山あってもあまり意味はありません。逆に、たった一つづつでも、全ての種類があれば、当面困ることはありません。

こういう状態にならないためには、たとえ安売りでお得だからと言って、同じ物を大量に買わないようすることです。こちらのお宅は近くにドラッグストアがあるため、魅力的なセールのチラシが頻繁に届いていたことが、ある意味では不幸だったと言えるでしょう。

ストックの基本は最後の1個になったら補充することです。

そして、できれば収納スペースに「何が入っているか」のラベルなどを貼り、**ストックされているモノの種類と数がすぐにわかる状態**にしておきましょう。

在庫の種類と定数が決まっていれば、多すぎるストックも、何かが足りなくことも

洗面台を使うたびに、使った人が飛び散った水などを拭くことで洗面台のキレイは保たれます。その他、コップやソープなどと一緒に「白」で統一すると清潔感が増す上に「綺麗な状態をキープしたくなる」気持ちが強まります。

なくなります。

●洗面所を清潔に保つルール

続いては洗面所のお掃除の話です。ここは汚れやすい場所なので、とにかくマメに掃除する環境をつくることが大切です。わたしが提案するのは、**シンクまわりにミニタオルやフキンを置くこと**です。

家族の誰でも、洗面所を使った後は、水しぶきなどを拭き取ってから出るようにルール化するのです。たった1日でも、何もしない日があると洗面所はみるみる汚れていきます。また、たまに一気に掃除をしようとすれば、それはなかなかの重労働になってしまうでしょう。でも、このルールが守られるようになれば、家族みんなで綺麗を維持できるようになるのです。

ついでに見た目のよいスポンジも置いておけば、気になった時にサッと一擦りできるので、汚れの深刻化を防ぐこともできます。

ちなみに、これらは「お掃除グッズ」っぽく見えないように置く工夫が必要です。洒落たトレーの上に乗せるなどすれば「お掃除感」が薄らぎ、家族も協力しやすくなるでしょう。

まとめ

「洗面台を使ったら拭く」でキレイが長持ちする

#34

環境を変えてマメに拭く
トイレ掃除の〝面倒くさい〟をなくす

●トイレ掃除の天敵は「面倒くささ」

トイレは、清潔であることが重要です。しかし、マメに掃除をしようと思っていても、床のモノを動かすことが億劫で、掃除するのが面倒に感じてしまいます。こうした**「面倒くさい」原因を探り、取り除くことが大切**です。

それには、常にお掃除できるように、床に何も置かない方法を提案します。

わが家のトイレにはマットもスリッパもありません（お客様が来られたときには来客専用のマット&スリッパを置きます）。拭き掃除がすぐにできるように、床には何も置かないようにしているのです。床にモノを置かないという「掃除しやすい環境」が「面倒くさい壁」を乗り越えて「トイレ掃除しよう」という気持ちになるのです。

トイレを清潔に保つには**掃除間隔をいかに短くできるか**が重要です。

ちなみに、トイレットペーパーは1セットだけ置くと決めています。トイレにあるのが最後の一つになったら移動、補充すれば良いのです。

床には拭き掃除用のモップだけ。それなら洗面台のように、使う度にさっと拭くことだって手間ではありませんよね。綺麗なトイレは気分が良いものですが、汚れたトイレだと掃除する気持ちに自分を持っていくのは大変ですよね。どんなに素敵な芳香剤を置いても、汚れが消えることはないのです。

まとめ
床にモノさえなければ毎日拭ける。だから汚れない

#35

家族のモノと行動から効率を考える
模様替えはみんなの意見を聞いてから

●期間限定ルールも有り？

寒い冬にお片づけに伺うと、ほとんどのお宅でソファにコートがかかっています。

あるお宅は、立派なウォークインクローゼットがあるのに、**冬の間中、家族5人分のコートや小物がリビングに置きっぱなし**になっていたそうです。

そこで、わたしが提案したのは「冬の間だけ玄関近くにパイプハンガーを置く」でした。これでリビングへのコートの侵入は防ぐことができます。

しかし、面白かったのはこの後日談。冬が終わっても、このお宅では玄関ハンガーがそのまま残りました。これは、**重度の花粉症だった娘さんの希望**だそうです。花粉が家中に入らなくなり、症状が軽減されたらしいのです。

季節ごとに模様替えをされるご家庭は多いと思いますが、その際はぜひ家族の意見を聞き、積極的に取り入れていきましょう。

「玄関＝脱いだ上着をかける」。動線が近いため、家族の負担が少ない良いアイデアです。模様替えの際は、どこに何があると便利か、家族の意見も取り入りながら考えてみましょう。思わぬ効果が出ることもありますよ。

まとめ 例えば…玄関にハンガーがあれば散らかりやすい上着類が収まる

重要

ママは「共有スペース」だけ片づける

・みんなが集まるリビングを快適な空間にしたい

➡個人のモノがなくスッキリしたリビングには家族が集まる。
➡人と一緒にモノも集まりやすいので注意する。
➡モノが置かれやすい場所にはあらかじめ観葉植物などを置く。

共有スペースの中でも家族が多くの時間を過ごすのがリビング。
ここを散らかさないように、ルールを増やしたり変更したりする
（季節によっても注意すべき点が変わるかも?）
やりすぎて無味乾燥な空間にはしたくない?

やること

その他の共有スペースについて

・キッチンのルールを決める

➡使わない調味料を捨てる。
➡冷蔵庫の中の個人スペースを見直す（ママが決める）
➡見えにくいお皿を並べ替えてみる

・トイレのルールを決める

➡マット、スリッパを無くしてみる
➡ストックのトイレットペーパーを減らしてみる

・洗面脱衣所のルールを決める

➡隠す収納を意識する（スペースに空きをつくっておく）
➡すぐに、誰でも拭けるようにミニタオルを置いておく。

片づけの習慣化を目的に、簡単なことからはじめてみる。

心構え

家の管理人、モノの配達人に徹する

・必要なのは「管理」

➡自分を共有スペースを見る管理人だと考える。

➡モノは片づけるのではなく、持ち主に届ける

管理人に必要なのは「場所を覚えること」と「モノを覚えること」。

片づけの習慣化。

・自分のスイッチを入れる

➡毎朝10分間「動」の片づけをはじめる

考えるよりもはじめる。スイッチを入れること、習慣化することで
効率良く片づけができるようになるかもしれない？
当面の目標は10分でトイレ掃除を終わらせること。

・当たり前を考えなおしてみる。

➡スーパーの買い物袋を溜めすぎない（エコバッグ買う）。

➡ゴミは夕食後にまとめるようにする

ゴミは臭いが出る前の夕食後にまとめる。
「いつか使うかも」と際限なく袋類を溜めず、定数を決める。

個人のモノは勝手に動かさない。

➡動かす場合は本人に確認の声がけ（「これは誰の？」）を徹底する。

あくまで持ち主が元に戻すのが基本ルール。
いったん動かすだけでも声をかけることで自覚が芽生えます。

その他

片づけの効率化。

・整理、収納グッズについて

➡自分が無駄、面倒と考える家事については道具を考えてみる。

例）ダイニングテーブルに小物が置かれていることが多い
→動かすためのトレーが必要　etc...

家族の個性

・みんなの大切なモノを知る

➡夫の趣味を知る、話を聞く。

子どもの古いカード（おもちゃ）、夫の聴かないレコードなど、
その人にとっての大切さ（他人には理解できない）を意識する。

COLUMN 3

プロの整理収納アドバイザーが聞いた

片づけの仕上げのお話。
「窓拭きでリバウンドを防ぐ」

いろんなお宅に伺っていると不思議な共通点があります。
その一つが「窓が汚れている家はリバウンドしやすい」です。
わたしの仕事は片づけですので、窓拭き掃除はしません。
しかし、その日わたしはMさんのお宅で特別に窓を拭きました。
仕事ではない窓掃除をした理由はリバウンドを防ぐためです。

わたしが片づけたお客様にも、残念ながらリバウンドしてしまう方がいます。
何度目かの訪問だったこともあり、2度とMさんのお宅が散らからないように、
願いを込めて特別に窓を拭いたのです。

窓が汚れることと、リバウンドすることに関係はありませんが、
不思議なことに、Mさんからリバウンドしたという報告は一度もないのです。
窓まで綺麗な状態が、Mさんのモチベーション維持につながったのかもしれませんね。

Part.
4

片づけルールでもっと仲の良い家族に

会話と笑顔が増え、子どもたちが成長する。片づけを通して家族はもっとなかよくなれる。

たかが片づけ。されど片づけ。
家族でルールを守り、コミュニケーションをとりながら
快適なお家で暮らすことは、
子どもの自立を促すだけではなく、
家族の成長や個性を実感することもできるのです。

#36

〈子ども部屋の片づけ①〉『手伝って』と言われた時だけ手伝う

●子どもと一緒に楽しい片づけタイム

もしお子さんから「片づけを手伝ってほしい」とお願いされたら、それは片づけられる子への第一歩を踏み出したということです。

子どもの机の上にモノの山がだんだんと大きくなってきた時はさりげなく**「片づけで困ったときは手伝うから声をかけてね」**と助け舟を出してあげましょう。人は、目で見て処理できる量を超えると「無理なこと」だと感じてしまうからです。

ただし、片づけを手伝うのは子どもから「手伝って」と言われた時だけ。

そして、親が子どもと**一緒に片づける時は気持ちよく**やって下さい。うっかり「何でこんなになるまで片づけなかったの！」などとケチをつけては、せっかくの子どもの気持ちに水を指してしまいます。「一緒に片づけるたびに、家族が片づけ上手になる」と前向きに捉えましょう。

ママがそのスタンスで居れば、子どもが片づけさせられている感覚ではなく、自分の意志で行動することになり、近い将来は誰に言われなくても、自分で片づけるようになります。

子どもからの「手伝って」。くれぐれも、このチャンスを逃さないようにしてください。

●片づけながらのおしゃべりも楽しい

子どもが求めているのは、親との関わりです。「何から片づけようか？」と子どもに聞くなど、コミュニケーションをはかりながら、肩の力を抜いて片づけましょう。「こんな良い点数のテストあったっけ？」「この絵、上手にかけてるね」など、**片づけているといろんな再発見がある**ことも嬉しいものです。あーでもない、こーでもないと会話をしながら協同作業を楽しむのも良いものですよ。

まとめ

甘やかさず、頼ってきたら一緒に楽しく片づける

#37

〈子ども部屋の片づけ②〉
おもちゃはカテゴリーごとに管理する

●ラクチン紐付けの片づけ法

子どものおもちゃは出入りが多く、大人にはよくわからないモノもあるため、やっかいな片づけですよね。これは遊びごと、ジャンルごとにまとめる方法がおすすめです。そうすれば出し入れも簡単になり、子どもでも片づけられるようになります。

遊びの種類は、カード、ゲーム、ブロックなどざっくりで大丈夫です。そして、カードならケース、ゲームなら充電器といったように、**本体以外のパーツも「仲間」として一緒に**片づけます。大きかったり「仲間」が多いおもちゃは衣類ケースを使うと良いでしょう。

女の子の遊びも考え方は一緒ですが、例えば人形遊びのグループであれば、ドールハウスなどは見せる収納として飾る方法も有りです。

そのあたりは子どもと相談しながら決めていくと、親も子どものおもちゃについて理解が深まり一石二鳥なのです。

関連するモノを紐付けて管理するのは大人にとっても有効ですが、子どもにとっては、この「わかりやすさ」こそが重要です。大人にはわからないおもちゃの付属品なども一緒に、自分で片づけられるようになるでしょう。これはお子さんが小さい時でも使えます。

まとめ　子どもでもできるから「足りない」がなくなる

#38

〈子ども部屋の片づけ③〉捨てられない&着てくれない子ども服について

●残念ながら、子どもの「着たくない」は変わりません

子どもは正直なので、一度気に入らないと感じた服は着てくれません。肌ざわりや動きやすさ、少しの違和感で着たくなくなるようで、その理由は大人にはなかなかわからないものです。でも、せっかく買ったし…着てほしいですよね？　だから、**服は子どもに選んでもらいましょう。**

予算とサイズだけは親が決めて、持っていないタイプ（色や柄）の服を複数提示してあげれば、洋服に興味のない男の子でも自分で選びます。これは自分のことを自分で決める練習にもなります。

ただし、子供服はジャストサイズを買ってあげて下さい。すぐ大きくなるからと、大きめを購入するママが多いのですが、結局は「大きくて変だから着ない」～**「タンスのこやし」に一直線**となってしまいます。

よ〜くわかります。こういうの着せたい。他のコとカブりたくない…。でも、着るのは子どもなのです。「素晴らしいデザイン・驚くほどのコスパ」は大人の都合。結局「着てもらえなければ」意味はありません。一緒に買いに行ってもモニターで見せても構いません。子どもの意見を聞いてから買った方が結果的に着てくれます。

まとめ 子どもが自分で選ぶと「着ない服」がなくなる

#39

〈子ども部屋の片づけ④〉子ども部屋は狭い方が良い理由

●片づけができて社交的な子に育つ

子ども用の個人スペースは狭い方が良い理由は2つあります。

一つは**モノの増えすぎを防ぐ**ためです。当然ですが、モノは増えた分だけ管理が必要になります。特に、子ども部屋は細かいモノが散乱しがちなため、教科書やノート、プリントなどの学用品が他のモノに埋もれがち。広い分だけその範囲も広がり、片づけの負担も大きくなってしまいます。

二つ目のメリットは、**家族の会話が増えること**です。勉強をするときは狭い空間で集中して机に向かい、それ以外は解放感のある広いリビングで過ごすようにするためです。

ある全寮制の中高一貫校でも、個人部屋をあえて狭くしています。部屋が狭いと居心地が悪くなり、**宿題を早く終わらせて外に出たくなる効果**があるのです。結果的に、部屋の外で他の人と話す機会も増えるのです。

#40

〈子ども部屋の片づけ⑤〉

1歳からでもできる片づけ教育

●片づけの練習は早い方が良い

小さいお子さんでもママと一緒に片づけます。一歳半頃には歩ける様になり、お話もできるようになってくるので、簡単な片づけを始めるのには良い時期です。

わたしは小学生に対して片づけを教えています。洗濯物を畳んだり、積み木を箱に収納したりと、指先を使ってできるだけ現実的な授業を行っています。**片づけの習慣が付いていないと、いざ始めようとしても感覚がわかかない**ため、実際に片づけることができないのです。

小さい子どもにも個人のスペースを与え、遊んだ後は必ずママと一緒に片づけましょう。最初はおもちゃを「ポイっ」とカゴに入れるだけで十分です。

「でも…まだ小さいから」と、**親が子どもの成長を阻害してしてはいけません**。子どもは大人の想像以上に吸収してくれます。

#41

〈子ども部屋の片づけ⑥〉
油断禁物!? 子どもスペースの定期検診

●散らかるには「前兆」があります

片づいていたはずの子ども部屋は、あっという間に散らかってしまいます。その**原因は「重なり」**です。立てる収納を意識して、平積み状態にしなければ散らかるのを防げますが、モノがミルフィーユのように重なってしまうと大変です。

次に挙げる「散らかる前兆」がないかを定期的にチェックして、**子どもに「片づけサイン」を送るのが**ママの役割となります。

□ ランドセルは決まった場所に置かれているか？ フタは閉まっているか？
□ 教科書やノート、プリントなどが重なって置かれていないか？
□ 部屋の隅におもちゃが置かれていないか？
□ ゲームの充電器がコンセントに刺さったままになっていないか？
□ 食べたお菓子の袋はゴミ箱に入っているか？

モノが平積みになる以外にも、できていたことができなくなっている部分があれば、早めに一声かけましょう。散らかりが軽度であれば片づけのハードルも低く、子どもも対応しやすいでしょう。「片づけなさい！」ではなく「●●になってたよ」くらいの口調で伝えてあげるとなお良し、です。

まとめ 手遅れになる前に…危険の前兆を見逃さない

#42

いつまでも子どもじゃないんです。家族の成長とともにルールを進化させる

●片づけで「成功体験」を積み上げる

わが家の下の子も今では小学生、しっかり背も伸びました。

以前は自分で食べた食器をシステムキッチンまで持っていくのがやっとだったのが、今ではシンクで水に浸けるところまで簡単にできるようになりました。子どもの成長は早いものだと、片づけを通して痛感しています。

2章にあった「食べ終わった食器は自分で下げる」ルールなどは、**子どもの成長とともにレベルアップ**していきましょう。例えば、食べ終わった食器を水に浸けられるようになったら「自分が食べたお弁当箱を洗う」ルールに挑戦します。まずは、遠足や課外授業などのイベントをきっかけにするとよいでしょう。

ママが楽になることよりも、**子どもの「できること」を増やして自信を付けさせる**ことが目的なのです。

●面白いほど早い子どもの成長

子どもは「はじめて」が大好きです。なんでも「やってみたい！」と好奇心旺盛です。

小学3年生のYちゃんは片づけがとても上手な女の子です。入学時から洗濯物を畳むお手伝いをはじめたのですが、最近ではスペースを工夫した収納までやってくれます。畳んだ服も大人顔負けの仕上がりだというのだから恐れ入ります。

親は子どもの「やってみたい！」という気持ちを大切に、**失敗しても良いから一つでも多くの片づけを経験**をさせてあげるべきです。

階段は一段ずつでも、しっかり上がっていければよいのです。

まとめ

子どもの成長に合わせてルールのレベルを上げる

#43

家の入り口は片づけの入り口
玄関からはじまる片づけ習慣

●玄関からはじまる片づけ習慣

家の入口は玄関です。そして、**玄関は「片づけ習慣化」の入口でもあります**。帰ってきてすぐに行う片づけは習慣化しやすく、やがて無意識にできるようになります。

わたしは「帰宅」～「手洗い・うがい」までに【①靴を下駄箱に置く ②上着をかける ③かばんを置く ④ハンカチを洗濯カゴに入れる ⑤着替え ⑥郵便物の仕分け】という6つの片づけを習慣としています。こうすると忘れること自体が起こりません。

さらに、子どもの上履き洗いは、週末のお風呂で本人にさせるのがおすすめです。**時間・場所・行為がセットになっているため、習慣化しやすくなる**のです。

育児休暇中の保健師さんがお子さんの歯を磨きながら「親が子供に残してあげられるのは、習慣を身に付けさせることぐらいですよね」と言っていた言葉が忘れられません。子どもには、良い片づけ習慣を身に付けさせてあげたいものです。

習慣化さえしてしまえば、あとはオートマチック。子どもたちも「あ、今日は土曜日だ」と思っただけで、上履きを洗うことまで連想できるようになるでしょう。玄関をくぐり家に帰ってきたら、意識が切り替わります。そこにルールやきっかけをつくることが習慣化への近道なのです。

まとめ

習慣が身に付けば 無意識で片づけられる

#44 その言葉は感想？　要望？　それとも相談？ 発言から家族の本音がわかる

●言葉自体に反応せず、その本音を探る

人は自分の言葉の意味は理解してほしいと思うのに、他人の言葉の真意を探る努力はサボりがちです。だから、家族からちょっと感情的な言葉をぶつけられると、びっくりして、つい感情的な言葉を返してしまうのです。

家族内の会話はおおむね【①感想　②要望　③相談】に分けられます。

例えば「また散らかして！」は感情的な感想です。これを「散らかると困るわ」に言い換えると感情的に聞こえなくなります。また「散らかっているので片づけてほしいな」にすれば、要望として伝えることができます。

聞いてほしいのか、変えてほしいのか、それともアドバイスを求めているのか。

大切なのは家族の言葉の裏にある本音に耳を貸すことです。そうすれば、家族のコミュニケーションはより円滑になり、適切な言葉で返事ができるようになるでしょう。

家族みんながわかりやすく伝えてくれればいいのですが。一見すると感想に聞こえるけど、実は相談だったり要望だったりというパターンは多いものです。家族の性格、会話のタイミングなどから注意深く本音を探りましょう。

まとめ 言葉の真意がわかれば適切な返事ができる

重要

子ども部屋は片づけない

・子どもの片づけは「手伝う」というスタンスで関わる

➡手伝うのはOK。その代わり気持ちよくやる。

➡おもちゃはジャンルごとにまとめるよう提案する。

➡定期的に片づけをチェックする。


子どもが「手伝って」と言ってきたときは一緒に片づける（その際は小言を言わないように注意する)。

片づけができるようになっても、たまに悪いクセが出ていないかを確認し、

（ランドセルの置き場所がズレてきたとか）危険なサインがあれば前もって伝える。

子どもの成長をしっかり見る

・ルールをステップ・アップしていく

➡できることを増やしてあげる
➡子ども服は子どもたちに選ばせる
➡子どものモノが増える時期に注意する

子どもは日々成長する。
例えば「食器を下げる」が当たり前になった子どもたちは、
その後「食器を洗う」ようになる確率が高い。
小学校高学年になれば、学校の荷物や習い事の道具などが増えるので、
定期的に荷物量や置き場所を相談して決める。

心構え

家族の本音を理解するために

・発言から「要望・感想・相談」を判断する。

➡感情的な「感想」は無意味

➡相手の真意を見極めると適切な返事がしやすい

怒りの言葉は「感想」だけど、その理由を丁寧に伝えると「要望」になる。

子どもから親へだけではなく、その逆も大切（親の方が感情的なことも…苦笑）。

この判断ができればコミュニケーションが円滑になり、互いの信頼が増す。

その他

子ども部屋を狭くしてみる。

・広さ（快適さ）は子どもにとって無用

➡狭い方が管理しやすく、モノが増えすぎない

➡広いリビングで過ごす時間が増える

子ども部屋が広いと置けるモノの量が増え、管理が大変になる（2人で1部屋くらいが十分）。

部屋が狭い方が、快適なリビングで過ごしたくなり、結果として子どもとのコミュニケーションが増える。

子どもの「片づけ教育」は早くはじめる。

・1歳でもできる片づけ

➡字が読めなくても、言葉が理解できなくてもできること。


小さい子どもでも、例えばリビングの1コーナーに作ったスペースに、自分のおもちゃを戻すことはできる。

シールを貼るなどすれば、自分のスペースであることは理解できる。

褒められていることはわかるし、それが子どものモチベーションになる。

COLUMN 4

プロの整理収納アドバイザーが聞いた

未来のお話。

セレブに学ぶリフォーム予想図

私がこれまで伺ったお宅にはとても素敵な間取りがたくさんありましたが、
特に印象に残っているお宅のお話です。
そのお宅はリビング、ダイニング、キッチン、ウォークインクローゼット、
夫婦の寝室、ご主人の書斎、奥さまの家事室…と、
そのすべてが壁のない一間続きで、空間が有効に使われていました。
家の壁で仕切られていたのは、トイレ・お風呂・子供部屋だけでした。

このお宅の最大の特徴は「廊下」がないことです。
廊下がない代わりは余白と抜け、視覚的な広がりになります。
この間取りは廊下がないからできるのです。
家の中で特にもったいないスペースは廊下です。
「通る」だけのために空間が使われてしまうからです。

リフォームをお考えの方がいたら、
リビング・ダイニング・キッチンを一間続きにするのはいかがでしょうか？
一間続きで段差も無ければ、
お掃除ロボットも稼働することが出来て、拭き掃除いらずです。

リフォームするなら…
玄関には大きい収納を

さらにキッチンを対面式にすると、お子さんの様子もよく分かります。

もう一つ、リフォームするときのポイントは、収納場所です。収納場所は何処にでも付ければ良いという物ではありません。付けるのであれば、入口から近い玄関横がおすすめです。ゴルフバックやベビーカーなど大きな物だけでなく、外出着からルームウエアに着替えるスペースまであれば、リビングに何も持ちこまずに済みます。

リフォームするなら…
廊下をなくして間続きに

あとがき

最後までお読みいただき、ありがとうございました。

家族はチームであり、つながっています。
その監督はママですから、ママ、つまりあなたがチームを導くことになります。
「片づけなんてどうでもいい」と監督が思っているチームが、
勝手に片づけられるチームになることはないでしょう。
「片づけて」と言っても片づけてくれない時や、
家族に何か課題があるとしたら、それは監督の課題でもあります。

監督として指揮を執っていたママが、
じつは家族に育てられていたことに気づいた時、
家族に対して感謝の気持ちが生まれます。

そう。ママの成長こそが家族の成長なのです。
これはわたし自身が経験し、実感したことです。

最後になりますが、ネクストサービス代表取締役の松尾昭仁様、大沢治子様、出版のきっかけを与えてくださりありがとうございました。
そして、ＫＫベストセラーズの皆様には大変にお世話になりました。
応援そして支えて頂いた全ての人に感謝申し上げます。

この本が一人でも多くの方の一助になれば幸いです。

平成30年5月吉日

整理収納アドバイザー
江間みはる

著者プロフィール

江間みはる（整理収納アドバイザー）

2008年より整理収納アドバイザーとしての活動を開始し、
自身の子育て経験も活かした、簡単で楽しい片づけを提案。訪問指導の数は600件を超える。
現在は短大で学んだ幼児教育をベースに、体験学習講師として小学生指導にもあたっている。
<資格・実績など>
・整理収納アドバイザー
・整理収納アドバイザー２級認定講師
・幼稚園教諭、保育士
・整理収納アドバイザーコンペティション入賞
・整理収納の講演、企業研修

笑顔《えがお》と会話《かいわ》が増《ふ》える
家族《かぞく》の片《かた》づけルール

整理収納アドバイザー
著者　江間《えま》みはる

2018年6月5日　初版第1刷発行

発行者　塚原浩和
発行所　KKベストセラーズ
〒170-8457 東京都豊島区南大塚2-29-7
TEL 03-5976-9121（代表）
http://www.kk-bestsellers.com/

印刷所　近代美術
製本所　フォーネット社

デザイン　こじままさき for bodydouble inc.
イラスト　森本美和
企画協力　ネクストサービス株式会社　松尾昭仁

ISBN978-4-584-13862-5
C0030